핵무기의 모든것

illustoria

illustration+storia('역사'의 이탈리아어)의 합성어로,
우리와 세계 모든 이들이 함께 이룩한 역사가 일러스트를 만나 태어난, 알기 쉬운 역사 교양 시리즈입니다.

인류가 낳은 인류 파괴 BUTTON

핵무기의 모든 것

illustoria 004

초판 1쇄 발행 2023년 9월 11일
초판 3쇄 발행 2024년 5월 20일

지은이 기획집단 MOIM
그린이 이크종
펴낸이 김연희

펴 낸 곳 그림씨
출판등록 2016년 10월 25일(제406-251002016000136호)
주 소 경기도 파주시 광인사길 217(파주출판도시)
전 화 (031)955-7525
팩 스 (031)955-7469
이 메 일 grimmsi@hanmail.net

ISBN 979-11-89231-51-4 03300

인류가 낳은 인류 파괴 BUTTON

핵무기의 모든 것

기획집단 MOIM 글 · 이크종 그림

그림씨

프롤로그

도대체 우리는 무엇을 만든 것일까?

1945년 7월 16일 새벽 5시 29분 45초.

미국 뉴멕시코주에 위치한 조르나다 델 무에르토 사막에서 폭탄이 터졌습니다. 그 폭탄은 태양 수천 개와 맞먹는 온도를 뿜어내며, 12km에 달하는 거대한 버섯구름이 치솟았고, 굉음은 80km까지 울려 퍼졌습니다. 인류 그 누구도 보지 못했던 엄청난 위력이었습니다. 다이너마이트 18,600톤을 한꺼번에 폭발시키는 것과 같았죠.

눈앞에서 지켜 본 한 과학자는 훗날 이렇게 말했습니다.

"나는 이제 죽음이요, 세상의 파괴자가 되었다."*

– 로버트 오펜하이머(Julius Robert Oppenheimer, 1904–1967)

이는 '트리니티(Trinity)'라 명명한 인류 최초 원자폭탄 실험이었습니다.

* 힌두교 경전,《바가바드 기타》의 한 구절이다.

오펜하이머는 원자폭탄 개발을 성공으로 이끄는 데 주도적인 역할을 한 인물로, '원자폭탄의 아버지'라 불리는 과학자입니다.
원자폭탄의 위력은 예상보다 강했고, 오펜하이머는 순간 무언가 잘못됐음을 깨달았습니다.
그로부터 한 달도 채 지나지 않은 1945년 8월 6일, 미국은 일본 히로시마에, 8월 9일에는 나가사키에 원자폭탄을 투하했습니다.
수십만 명이 죽고, 삽시간에 도시가 폐허로 변했습니다.
오펜하이머는 원자폭탄의 위협이 현실이 되자 당혹했고, 과학자로서 사회적 책임에 깊은 고민에 빠졌습니다.
당시 원자폭탄 투하를 결정했던 미국 트루먼 대통령을 만났을 때 이렇게 말했죠.

"내 손에 피가 묻어 있는 것 같습니다."

그 뒤로 아인슈타인을 비롯한 수많은 과학자들은 인류를 멸망시킬 수 있다는 경고의 메시지와 함께 반핵 운동을 펼쳤습니다.
그러나 그들의 외침은 냉전 시대를 극복하지 못했습니다. 오히려 오늘날까지 더 세고, 강력한 핵무기의 개발은 계속되고 있죠.

현재 미국, 러시아, 중국 등 여러 나라가 총 1만 2천 기* 가량의 핵무기를 보유하고 있습니다. 전문가들에 따르면 인류가 보유한 핵무기의 10%만 터져도 인류를 멸망에 이르게 할 수 있다고 합니다.
강력한 파괴력으로 여전히 우리를 위협하고 있음에도 많은 나라는 핵무장론을 말하며 핵무기 개발을 주장하고 있습니다.
지구 곳곳에서 더 많은 나라가 핵무기를 보유하고자 국제사회의 눈치를 살피고 있습니다.
한반도 역시 예외가 아닙니다. 북한은 이미 핵무기 개발 및 실험에 성공했고, 대한민국 정치인들 가운데도 핵무기 보유가 필요하다고 외치는 이들이 많습니다.
왜 그들은 핵무기를 만들려고 하는 걸까요?
왜 그들은 핵의 위험을 알면서도 포기하지 않는 걸까요?

* 스톡홀름국제평화연구소, 2022년 발표.

핵무기 탄생부터 오늘날까지, 한반도에 사는 우리부터 전 세계 인류까지, 나아가 핵무기를 보유한 나라들의 움직임부터 핵무기를 갖고자 하는 나라들까지, 핵무기에 관한 모든 것을 알아야 합니다.
그래야만 인류를 파멸의 구렁텅이로 빠뜨릴지도 모르는 핵무기의 미래를 평화롭게 해결할 수 있을 것입니다.

차례

프롤로그

도대체 우리는 무엇을 만든 것일까? • 005

1부 핵무기의 탄생

원자와 핵 • 016

핵분열 • 022

우라늄의 모든 것 • 025

핵무기 개발 • 028

1단계, 고농축 우라늄과 핵 재처리

2단계, 기폭 장치

핵무기, 사용하기 위한 것이 아니다! • 042

최초의 핵실험 '트리니티' • 045

에너지의 비밀, $E=mc^2$ • 047

2부 핵무기, 진짜 쓸 겁니까?

맨해튼 프로젝트 • 052

핵무기, 진짜 쓸 겁니까? • 056

두 발의 원자폭탄 • 058

원자폭탄은 누구를 상대로 쓴 것일까? • 065

3부 핵무기, 왜 너희만 가져야 하는데?

냉전의 시작 • 074

원자력, 국제 문제가 되다 • 075

미국의 독점과 세계의 반발 • 077

비키니 환초(Bikini Atoll) • 082

핵무기 시대의 전개 • 086

미국과 소련

영국과 프랑스

강대국들의 수소폭탄 경쟁 • 090

4부 핵무기 개발자들의 반핵 운동

스파이(?)로 몰린 원자폭탄 개발자 • 096

매카시즘 • 099

반핵 운동의 시작 • 105

5부 전쟁, 핵무기의 유혹

한국 전쟁과 핵무기 • 112

전쟁이 준 교훈(?) 중국의 핵무기 개발 • 116

베트남 전쟁 • 119

6부 지금부터 핵무기는 금지입니다?

국제원자력기구 • 122

핵확산금지조약 • 126

NPT 이후, 어떻게 핵무기를 가질 수 있었을까? • 131

인도

파키스탄

이스라엘

핵무기 없는 세상은 가능할까? • 147

7부 한반도와 핵무기

핵무기 개발, 우리가 먼저였다 • 154

북한과 핵무기 • 157

리비아 모델 • 161

한반도 비핵화는 가능할까? • 164

제네바 합의

6자회담

한반도에 살고 있는 지금 우리는… • 170

1부 핵무기의 탄생

원자와 핵

모든 것은 원자로부터 시작합니다.

원자는 물질을 이루는 기본 요소를 말합니다.

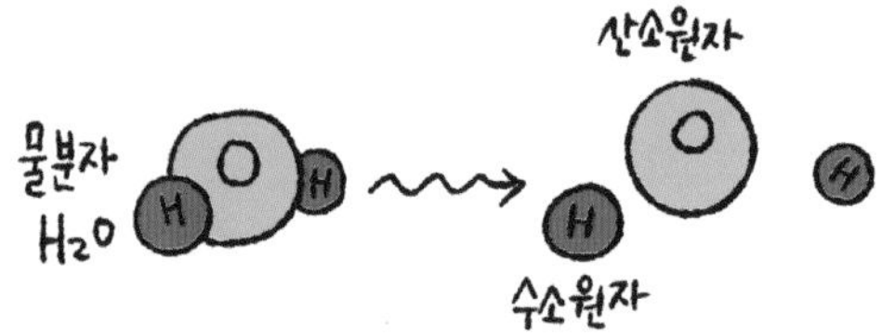

원자(Atom)는 고대 그리스어 'atmos'에서 왔습니다. '부정'을 뜻하는 'a'와 '자른다'를 뜻하는 'toms'가 합쳐진 단어입니다. 기원전 460년 무렵, 고대 그리스 철학자 데모크리토스에 의해 탄생했죠.

그로부터 2000년이 지난 19세기 초, 영국의 화학자 돌턴(John Dalton, 1766-1844)은 데모크리토스와 유사한 개념의 원자 이론을 제시합니다. 이를 '돌턴의 원자설'이라 하죠.

하지만 영국 물리학자 톰슨(Joseph John Thomson, 1856-1940)에 의해 돌턴의 원자설은 흔들렸습니다.

그는 이전 학자들이 실패한 실험을 통해 음극선*을 발견했고, 원자 안에 전자가 있다는 사실을 확인했죠. 그 결과 톰슨은 1906년 노벨 물리학상을 수상했습니다.

그 후 톰슨의 제자인 영국 물리학자 러더퍼드(Ernest Rutherford, 1871-1937)는 원자 내에 원자핵이 존재하며, 전자는 원자핵 주위를 움직이는 작은 행성과 유사한 것임을 확인했습니다.

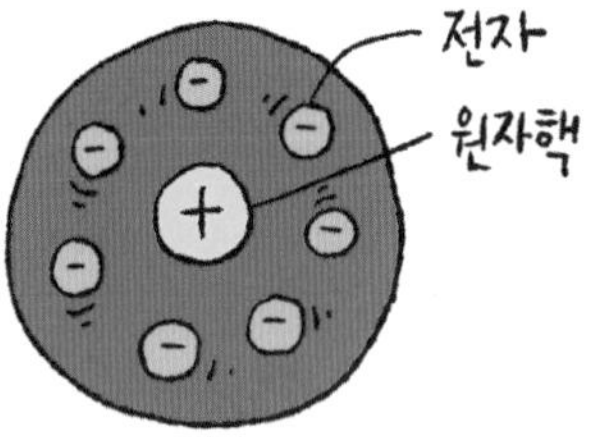

* 전극을 붙인 진공관 양 끝에 전압을 걸면 음극에서 양극으로 향하는 빛을 음극선이라고 한다. 이 음극선은 나중에 '전자'라는 이름이 붙게 된다.

그렇다면 원자와 원자핵의 차이는 어느 정도일까요?

원자의 반지름은 원자핵 반지름보다 약 10^4배 큽니다. 원자핵이 완두콩 크기라면 원자는 축구장 크기라는 말입니다. 원자핵이 얼마나 작은지 알 수 있는데, 그런 원자핵이 원자 질량의 99.9% 이상을 차지합니다. 즉 원자와 원자핵의 무게가 거의 동일하다고 봐도 되는 거죠. 원자핵만 빼내 $1cm^3$를 만든다면 그 무게가 1억 3천만 톤이 넘습니다.

이뿐 아니라 러더퍼드는 원자핵 역시 나뉜다는 사실도 확인했습니다.

러더퍼드의 제자인 영국의 물리학자 채드윅(James Chadwick, 1891-1974)은 중성자(Neutron)의 존재를 확인했고, 이 업적으로 1935년 노벨 물리학상을 수상했습니다.

핵분열

그 후 러더퍼드는 놀라운 사실을 깨달았습니다.

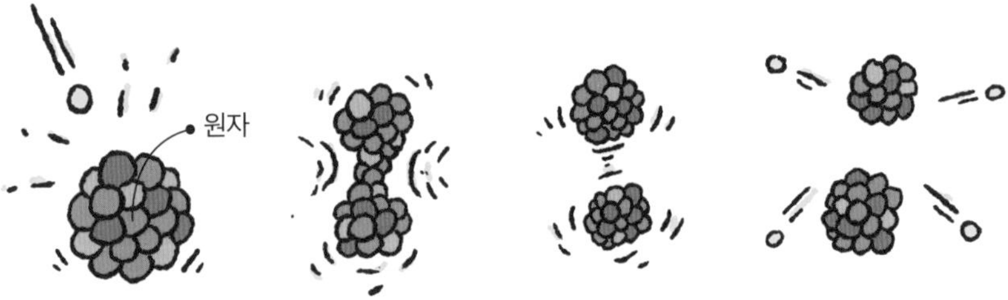

이것이 핵분열입니다. 이때 핵은 '원자핵'을 가리키죠. 그러니까 우리가 '핵무기'라고 할 때의 핵 역시 원자핵을 말합니다.

그렇다면 왜 러더퍼드는 핵분열 시 나오는 에너지가 무척 작아서 거의 쓸모가 없다고 말했을까요?

헝가리 출신
물리학자 실라르드

물론 그런 성질을 가진 원소가 있어야만 가능한 일입니다.
실라르드(Leo Szilard, 1898-1964)는 그러한 원소를 찾기 위해 동분서주했죠.
1938년, 스승인 아인슈타인(Albert Einstein, 1879-1955) 박사의 추천으로 미국 유학길에 올랐고, 그곳에서도 핵분열을 통해 큰 에너지를 발생시킬 원소를 찾는 데 몰두했습니다. 그런데 독일 과학자 오토 한(Otto Hahn, 1879-1968)과 프리츠 슈트라스만(Fritz Strassmann, 1902-1980)이 그보다 먼저 그런 원소를 찾아냈습니다.
1938년 12월, 두 사람은 우라늄 235(원자 번호 92, 원소 기호235U)에 열중성자*를 충돌시키면 전혀 다른 물질인 바륨(원자 번호 56, 원소 기호 Ba)과

* 열중성자는 에너지가 낮은 중성자를 말한다. 한편 에너지가 높은 중성자는 고속 중성자라 한다.

크립톤(원자 번호 36, 원소 기호 Kr) 원자핵으로 분열하고, 중성자가 2~3개 방출되면서 엄청난 에너지가 발생하는 사실을 발견했습니다. '핵분열'이라는 용어가 탄생하는 순간이었습니다.

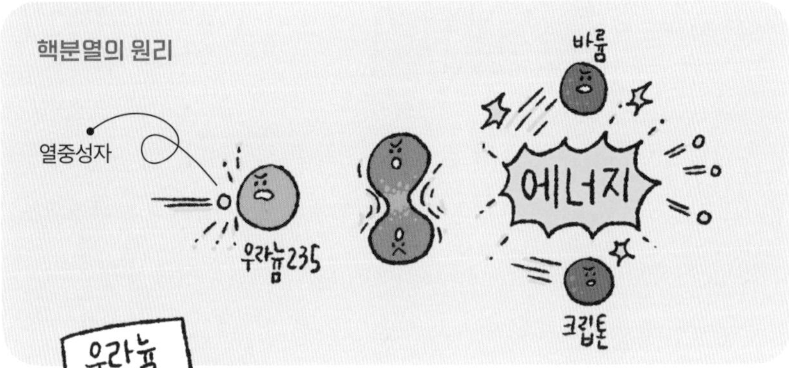

이러한 사실을 파악한 독일의 나치는 당시 점령국이던 체코슬로바키아의 우라늄 수출을 전면 금지하였습니다.

우라늄의 모든 것

중세 후반, 체코 요하임스탈에 있는 은 광산에서는 이상한 돌이 자주 나왔습니다.

이 돌을 자주 접하는 광부들은 몇 년 지나지 않아 병을 얻었습니다. 이를 이상하게 여긴 사람들은 돌을 독일 출신 화학자 클라프로트(Martin Heinrich Klaproth, 1743-1817)에게 보냈고, 그는 이 돌을 화학적으로 처리한 끝에 1789년 우라늄을 처음 발견했습니다.

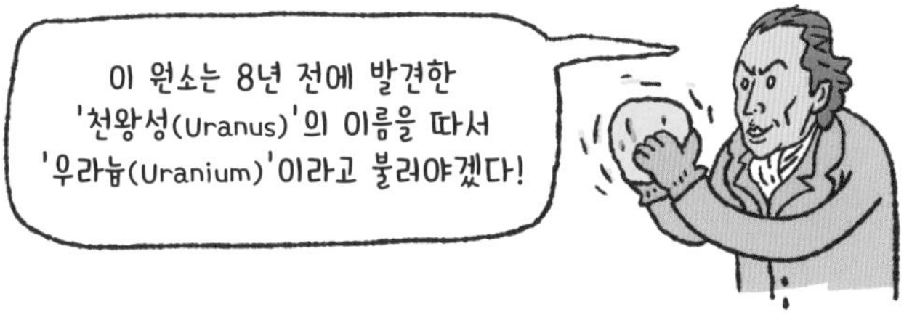

우라늄은 원자 번호가 92이고 원소 기호는 U입니다. 천연에서 존재하는 원소 가운데 원자 번호가 가장 큽니다. 우라늄보다 원자 번호가 큰 넵투늄(원자 번호 93, 원소 기호 Np)과 플루토늄(원자 번호 94, 원소 기호 Pu)이 있으나, 천연에 존재하는 양이 너무 적어 큰 의미가 없죠. 게다가 이것들을 구하려면 우라늄 핵반응을 통해야만 가능합니다. 반면에 우라늄은 은이나 주석보다 많은 양이 전 세계에 고르게 분포돼 있어 얻기 쉬운 편입니다.

세계 우라늄 매장량

출처: 세계원자력협회 (2019년 기준).

한편, 우리가 잘 아는 피에르 퀴리(Pierre Curie, 1859-1906)와 마리 퀴리(Marie Curie, 1867-1934) 부부는 1898년, 우라늄에서 라듐을 분리해 냈습니다.

핵무기 개발

1939년 9월 1일, 독일 나치는 폴란드를 침공하였습니다. 제2차 세계대전이 발발한 것입니다. 유럽은 일순간 전쟁의 도가니에 빠져들었고, 세계 최강의 무력을 보유한 독일 나치는 파죽지세로 유럽 전역을 점령하기 시작했습니다.

한편 우라늄의 진가를 확인한 나치는 점령지 체코슬로바키아의 우라늄 반출을 금지했고, 나아가 독일 과학자들을 동원하여 핵분열을 이용한 원자폭탄 개발에 박차를 가했죠.

이런 사실을 알게 된 과학자 실라르드는 마음이 바빴습니다. 실라르드는 스승 아인슈타인에게 달려가 미국 대통령 루스벨트를 설득해 달라고 요청했습니다. 사태가 위급하다고 판단한 아인슈타인은 실라르드가 루스벨트 대통령에게 직접 쓴 편지에 서명을 했죠.

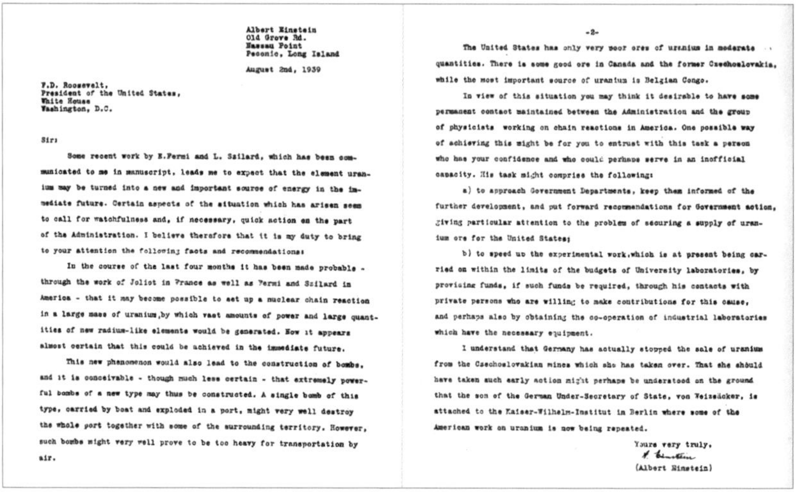

Albert Einstein
Old Grove Rd.
Nassau Point
Peconic, Long Island

August 2nd, 1939

F.D. Roosevelt,
President of the United States,
White House
Washington, D.C.

Sir:

Some recent work by E.Fermi and L. Szilard, which has been communicated to me in manuscript, leads me to expect that the element uranium may be turned into a new and important source of energy in the immediate future. Certain aspects of the situation which has arisen seem to call for watchfulness and, if necessary, quick action on the part of the Administration. I believe therefore that it is my duty to bring to your attention the following facts and recommendations:

In the course of the last four months it has been made probable - through the work of Joliot in France as well as Fermi and Szilard in America - that it may become possible to set up a nuclear chain reaction in a large mass of uranium,by which vast amounts of power and large quantities of new radium-like elements would be generated. Now it appears almost certain that this could be achieved in the immediate future.

This new phenomenon would also lead to the construction of bombs, and it is conceivable - though much less certain - that extremely powerful bombs of a new type may thus be constructed. A single bomb of this type, carried by boat and exploded in a port, might very well destroy the whole port together with some of the surrounding territory. However, such bombs might very well prove to be too heavy for transportation by air.

-2-

The United States has only very poor ores of uranium in moderate quantities. There is some good ore in Canada and the former Czechoslovakia, while the most important source of uranium is Belgian Congo.

In view of this situation you may think it desirable to have some permanent contact maintained between the Administration and the group of physicists working on chain reactions in America. One possible way of achieving this might be for you to entrust with this task a person who has your confidence and who could perhaps serve in an inofficial capacity. His task might comprise the following:

a) to approach Government Departments, keep them informed of the further development, and put forward recommendations for Government action, giving particular attention to the problem of securing a supply of uranium ore for the United States;

b) to speed up the experimental work,which is at present being carried on within the limits of the budgets of University laboratories, by providing funds, if such funds be required, through his contacts with private persons who are willing to make contributions for this cause, and perhaps also by obtaining the co-operation of industrial laboratories which have the necessary equipment.

I understand that Germany has actually stopped the sale of uranium from the Czechoslovakian mines which she has taken over. That she should have taken such early action might perhaps be understood on the ground that the son of the German Under-Secretary of State, von Weizsäcker, is attached to the Kaiser-Wilhelm-Institut in Berlin where some of the American work on uranium is now being repeated.

Yours very truly,

(Albert Einstein)

미국 원자폭탄 개발을 촉구하는 내용이 담긴 실라르드와 아인슈타인의 편지.

1939년 10월 11일, 편지를 받은 루스벨트는 그날 저녁, '핵분열을 이용한 폭탄 개발'에 관한 위원회 설치를 지시했습니다. 그러나 고작 6천 달러의 예산만 투입했습니다. 상황은 인지했지만 시급하다고 느끼지 않은 것입니다.

그 무렵 미국은 제2차 세계대전을 강 건너 불구경하는 태도였습니다. 유럽 상황은 미국에 아무런 영향도 미치지 못하였기 때문이죠. 그 과정에서 유럽 전역은 독일 나치의 손에 넘어가고 있었습니다. 오직 바다 건너 영국만이 독일 공군의 공습을 받아가며 고군분투하고 있었죠.

실망한 아인슈타인과 실라르드는 1940년 3월과 4월에 다시 루스벨트에게 편지를 보냈습니다. 그렇지만 미국은 여전히 이 프로젝트에 소극적이었죠.

1941년 10월, 영국 수상 처칠은 영국에 망명중인 오스트리아 물리학자 오토 프리쉬(Otto Robert Frisch, 1904-1979)와 독일 물리학자 루돌프 페이엘스(Rudolf Peierls, 1907-1995)가 작성한 메모를 받았습니다. 처칠은 이 내용을 루스벨트 대통령에게 전했습니다.

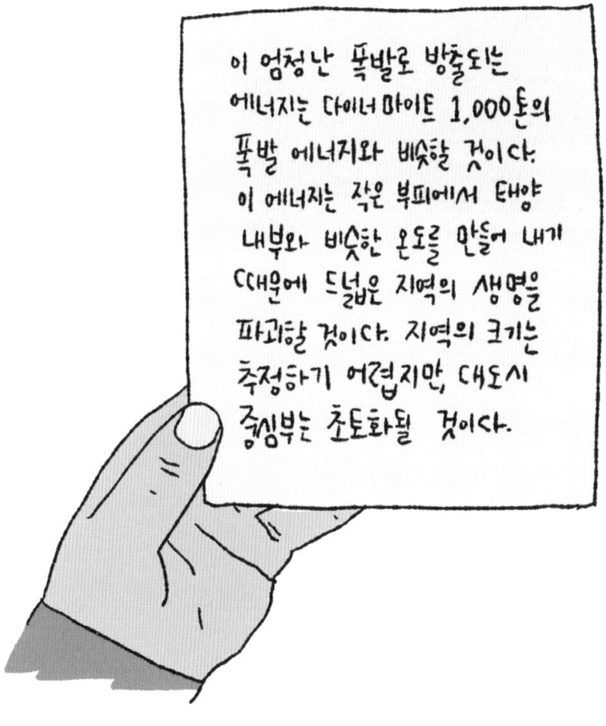

한편 1941년 12월 7일, 일본은 미국 영토인 하와이 오아후섬의 미군 기지인 진주만 공습에 나섰습니다. 제2차 세계대전에서 한걸음 물러서 있던 미국이 전쟁의 당사자가 된 순간이었습니다.

일본은 진주만항에 정박해 있던 태평양 함대를 기습 공격했다.

미국은 즉시 전쟁 태세에 돌입하였고 이때부터 핵무기 개발 또한 본격적으로 시작했습니다.

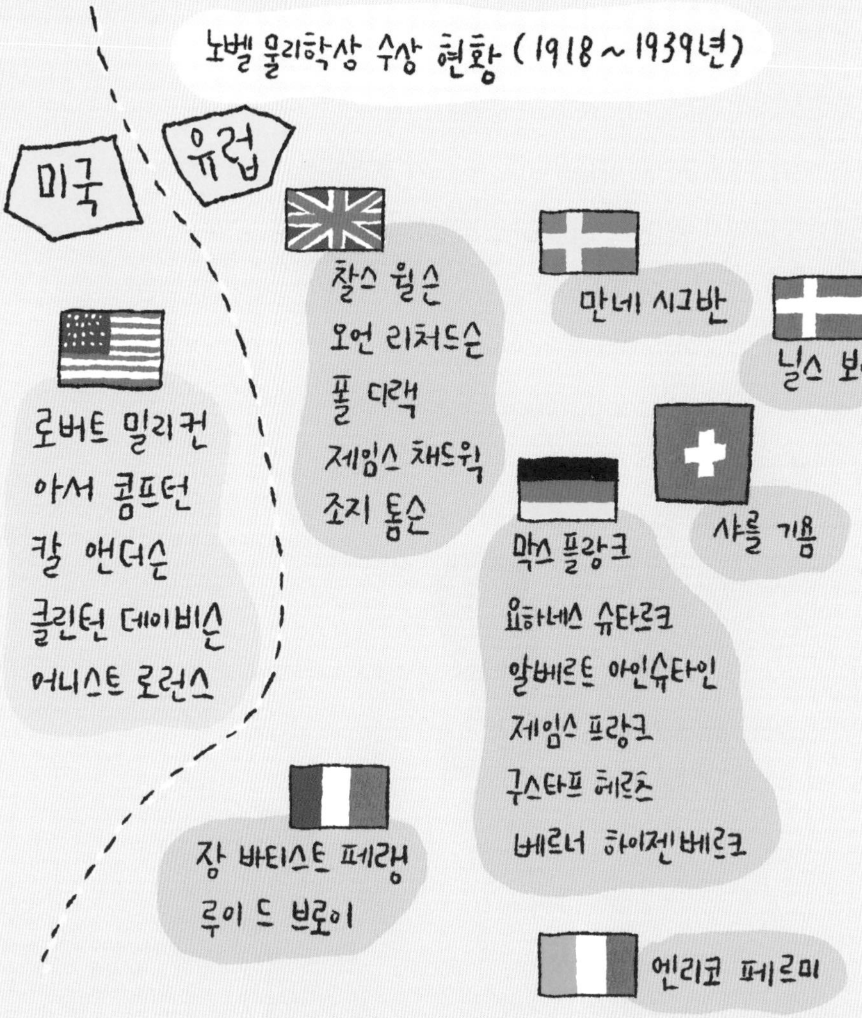

그 무렵 물리학의 수준은 유럽이 미국을 월등히 앞서 있었습니다. 노벨 물리학상 수상자의 국적만 보더라도 유럽이 물리학을 선도한다는 사실을 알 수 있죠.

그런데 나치 정권은 유대인 과학자들을 탄압하였고, 이에 많은 유대인 과학자들이 미국으로 향했습니다. 또 나치 정권의 통치를 못마땅하게 여긴 과학자들 역시 유럽을 피해 미국으로 향했죠.

본의 아니게 미국 땅에 뛰어난 물리학자들이 집결한 것입니다. 그러니 미국의 핵무기 개발에 나치가 한몫한 셈이죠.

1단계, 고농축 우라늄과 핵 재처리

그 무렵 발견한 과학적 성과만으로는 핵무기를 개발할 수 없었습니다. 핵무기 개발을 위해서는 실질적인 기술이 필요했기 때문입니다.

천연 우라늄의 99.3%는 우라늄238이고, 나머지 0.7%는 우라늄235입니다. 이 둘의 차이점은 무게입니다. 우라늄238이 더 무겁죠. 그런데 우라늄238은 비분열 물질인 반면, 우라늄235는 핵분열 물질입니다. 즉 핵무기인 원자폭탄의 원료죠. 그러나 원자폭탄을 만들기 위해서는 90% 이상의 고농축 우라늄이 필요합니다. 그래서 우라늄235의 농도를 올려야 하는데, 농도를 올리는 과정을 우라늄 농축이라고 하고, 그렇게 농축된 우라늄을 '농축 우라늄'이라고 합니다.
일반적으로 원자력발전에서는 약 3%의 저농축 우라늄*을 연료로 사용합니다.

* 국제원자력기구에서는 우라늄 농축 20%를 기준으로, 그 이하는 저농축 우라늄, 그 이상은 고농축 우라늄으로 분류하고 있다.

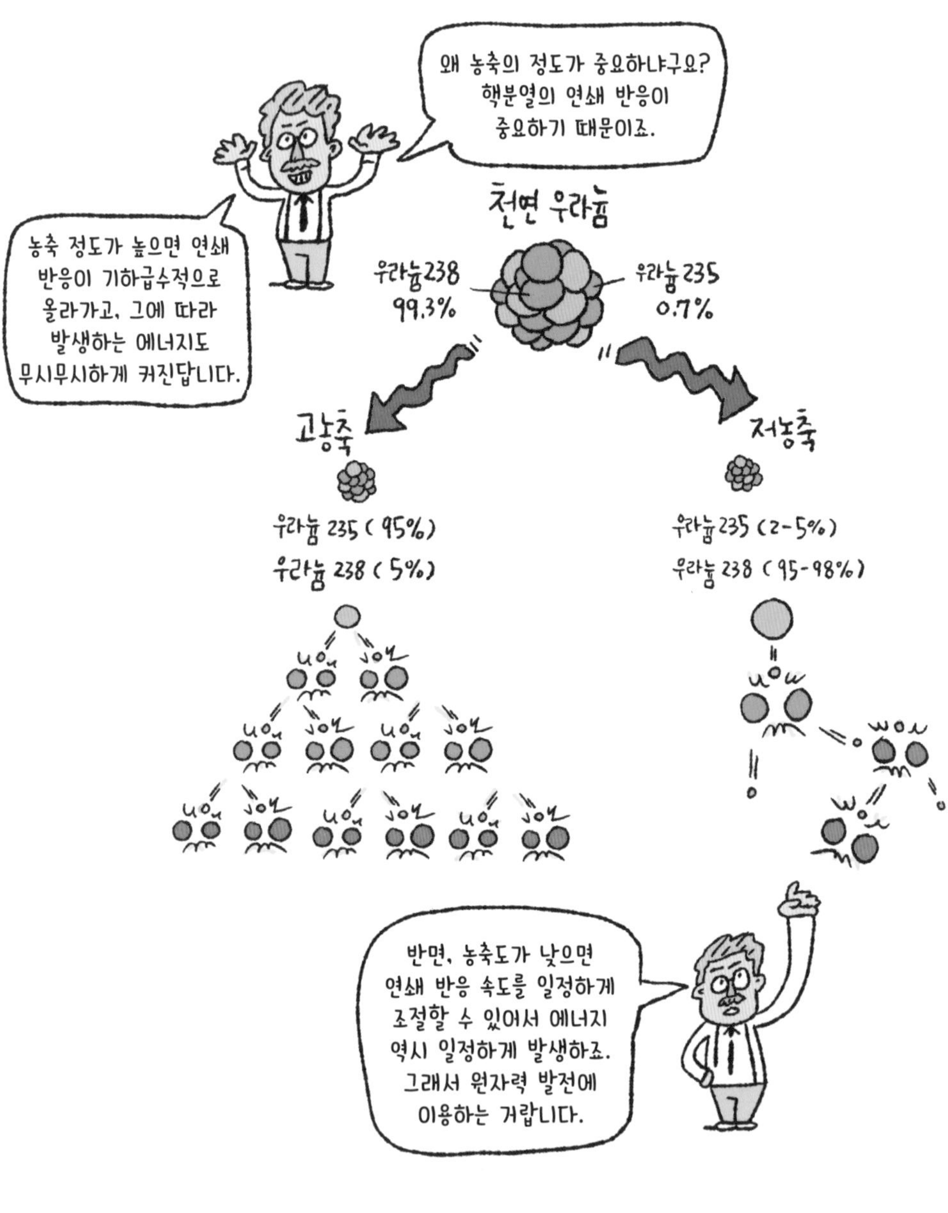
왜 농축의 정도가 중요하냐구요? 핵분열의 연쇄 반응이 중요하기 때문이죠.
농축 정도가 높으면 연쇄 반응이 기하급수적으로 올라가고, 그에 따라 발생하는 에너지도 무시무시하게 커진답니다.
천연 우라늄
우라늄238 99.3%
우라늄235 0.7%
고농축
우라늄 235 (95%)
우라늄 238 (5%)
저농축
우라늄235 (2-5%)
우라늄238 (95-98%)
반면, 농축도가 낮으면 연쇄 반응 속도를 일정하게 조절할 수 있어서 에너지 역시 일정하게 발생하죠. 그래서 원자력 발전에 이용하는 거랍니다.

우라늄235 외에 핵분열 물질이 한 가지 더 있습니다.
바로 플루토늄입니다. 플루토늄239는 원자로* 속에서 분열 반응을 끝낸 폐기물로부터 정제, 추출합니다. 이 기술을 '핵 재처리'라고 합니다.
우라늄235가 분열 반응을 일으킬 때 발생하는 중성자가, 비분열 물질인 우라늄238에 흡수되면 플루토늄239로 변하는 것입니다. 플루토늄239는 자연에는 존재하지 않는 물질로 오직 우라늄 폐기물에서만 추출할 수 있습니다.
그래서 이를 얻기 위해서는 사용 후 핵 연료봉**에 남아 있는 핵물질인, 우라늄과 플루토늄을 분리해 내야 합니다.

* 핵 반응로라고도 하며, 중성자를 이용하여 핵분열을 발생시키고 그 반응을 유지하고 제어하는 장치이다.

** 농축 우라늄을 알루미늄이나 마그네슘 피복관으로 싼 원형 막대를 말하며, 크기는 지름 3cm, 길이 50cm 정도다.

핵 재처리 과정
사용이 끝난 핵 연료봉을 질산 수용액에 넣기.
원심 분리기로 고형물 걸러 내 분리하기.
96%
우라늄(핵연료로 재사용)
3%
방사성 폐기물
1%
플루토늄
아하, 그래서 북한 핵을 이야기할 때 '농축 우라늄'이니 '핵 재처리 시설'이니 하는 단어를 자주 사용하는군요!
아하!!
맞습니다. '농축 우라늄'과 '핵 재처리'를 통해서만 핵무기를 만들 수 있거든요!

2단계, 기폭 장치

다음으로 필요한 것이 기폭 장치입니다.

기폭(起爆) 장치는 말 그대로, '폭발을 일으키는 장치'인 셈이죠.

핵무기가 되기 위해서는 핵분열 물질이 연쇄적으로 반응을 일으켜야 합니다. 연쇄 반응을 일으키기 위해 기폭 장치를 작동하는데, 여기에는 두 가지 방식이 있습니다.

하나는 포신형(Gun type), 다른 하나는 내폭형(Implosion type)입니다.

포신형은 원통 모양 폭탄 속에 우라늄을 2개 넣은 다음, 한쪽 우라늄을 작게 폭파해 다른 쪽 우라늄과 합쳐 연쇄 핵분열을 일으키는 방식이죠.

내폭형은 플루토늄 같은 핵분열 물질을 공 모양으로 배치하고 이를 폭약으로 둘러싼 다음, 폭발시켜 압력을 순간적으로 퍼지게 만드는 방식입니다.

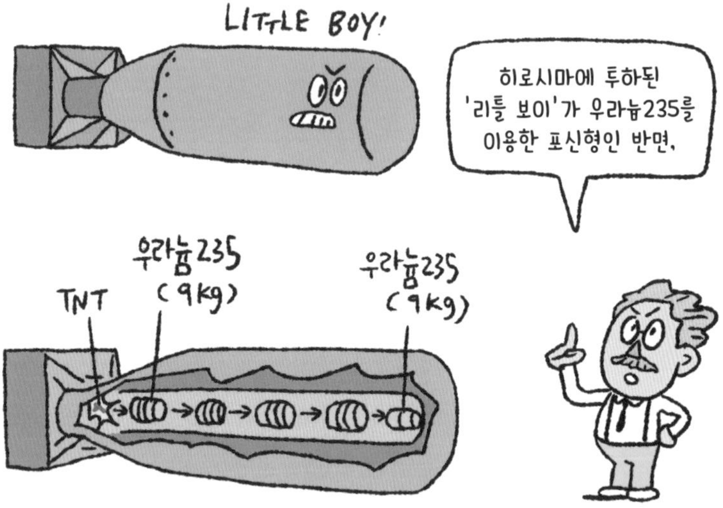

원자폭탄 리틀 보이.
길이 3.3m, 지름 70cm, 무게 4,400kg

이렇게 모든 준비가 끝난 후에는 핵실험을 해야 합니다. 새로 만든 무기가 어떤 성능을 가졌는지, 그 위력은 어느 정도인지 등을 확인해야 하기 때문이죠.

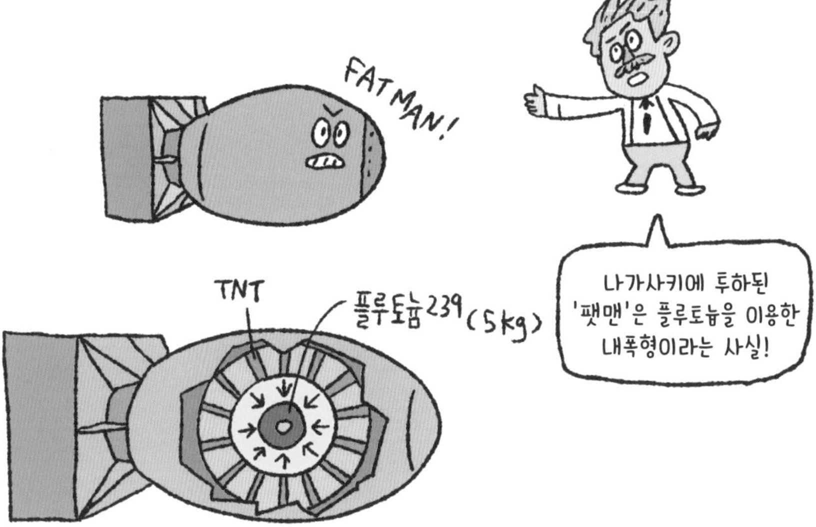

원자폭탄 팻맨.
길이 3.2m, 지름 1.5m, 무게 4,500kg

더구나 핵무기처럼 인류가 단 한 번도 사용해 본 적이 없는 무기라면 더더욱 실험이 필요할 것입니다.

핵무기, 사용하기 위한 것이 아니다!

핵실험(Nuclear testing)의 목적은 여러 가지입니다. 핵폭발 장치의 연구, 핵무기 성능 확인과 개선, 핵무기 효과 분석 등이 있습니다. 그런데 다른 무기와는 달리 핵실험은 자신들의 핵무기 개발 능력을 보여 주기 위한 목적이 매우 큽니다.

본래 신무기를 개발하면 오히려 적에게 알리지 않는 것이 효과적입니다. 그래야 전장에서 불시에 사용하여 적에게 더 큰 피해를 입힐 수 있으니까요. 그러나 핵무기는 그렇지 않습니다.

‘우리는 이렇게 무시무시한 핵무기를 가지고 있어.’라고 알리는 것이 매우 중요합니다. 그리고 그 대상은 핵무기를 가진 적대국입니다.
핵무기는 사용하기 위한 것이 주 목적이 아닌, 과시하는 목적이 더 중요한 무기입니다. 어차피 두 나라가 서로 사용하면 모두 치명적인 피해를 입기 때문에 누구도 사용하기 어렵죠. 결국 핵무기 가진 나라를 함부로 공격하기 어렵다는 점을 노린 것입니다.

핵실험에는 여러 가지 종류가 있습니다.
그 가운데 지상에서 행하는 지상 핵실험은 핵무기를 폭발시킨 것과 같은 결과를 초래합니다.
지하 핵실험은 땅속 깊은 곳에서 행하는 실험으로, 방사능 오염을 방지하는 효과가 큽니다. 그러나 자칫 오폭(誤爆)을 하는 경우에는 지상 가까운 곳에서 폭발하여 치명적인 피해를 가져오기도 하죠. 또 지하 핵실험은 인공 지진과 같은 부작용을 낳기도 합니다.

외기권* 핵실험은 대기 오염은 발생하지 않지만, 폭발 시 방출되는 소립자와 방사능으로 인해 이온층에 변화가 발생합니다. 이로 인해 지구상에 통신 장애를 일으키죠. 수중 핵실험은 바닷속에서 행하는 것으로, 해일을 일으키기도 하고 바닷물 오염을 가져오기도 합니다.

* 대기의 제일 바깥층으로 지표에서 약 500km 이상인 영역을 말한다.

최초의 핵실험 '트리니티'

지구상에서 최초로 행한 핵실험은 1945년 7월 16일 새벽 5시 29분 45초, 미국 뉴멕시코주에 위치한 조르나다 델 무에르토 사막에서 실시했습니다. 이를 가리켜 '트리니티(Trinity)'라고 불렀는데, 트리니티는 기독교 용어로 성부, 성자, 성령이 하나라는 '삼위일체'를 뜻합니다.

트리니티 핵실험 결과, 그 위력은 TNT* 18.6킬로톤(kt, 다이너마이트 18,600톤 폭발력으로 추산)으로, 예측치를 서너 배 초과하는 거대한 것이었습니다.

* TNT는 'Tri-Nitro-Toluene'의 약자이며 강한 폭발력을 지닌 폭약이다. 폭발물의 폭발력을 설명할 때 TNT 비교 기준으로도 사용하고 있다.

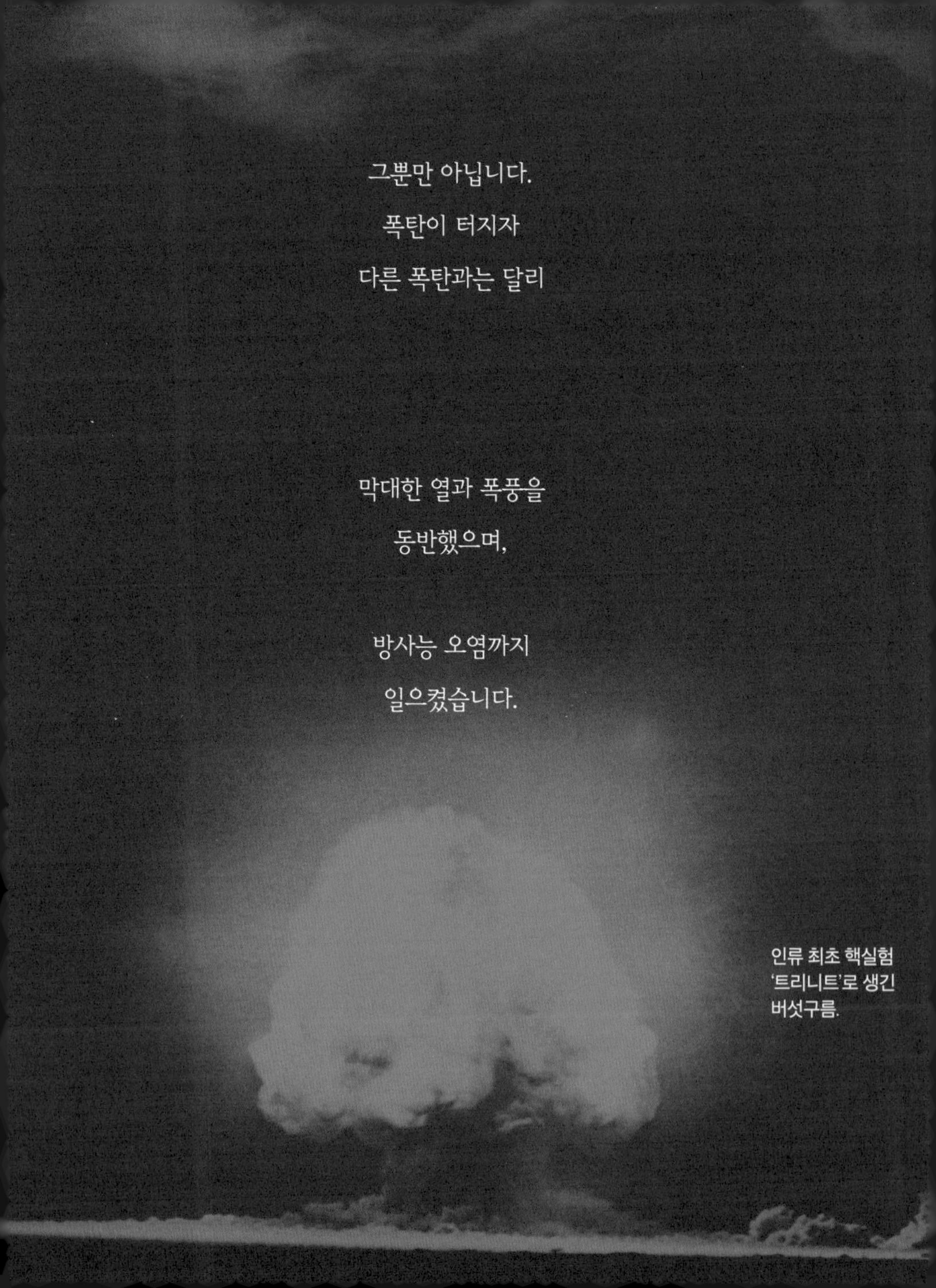

그뿐만 아닙니다.

폭탄이 터지자

다른 폭탄과는 달리

막대한 열과 폭풍을

동반했으며,

방사능 오염까지

일으켰습니다.

인류 최초 핵실험
'트리니트'로 생긴
버섯구름.

에너지의 비밀, $E=mc^2$

왜 핵무기는 다른 무기와는 비교할 수 없는 엄청난 파괴력을 지니는 걸까요? 그건 아인슈타인의 유명한 공식 $E=mc^2$에 담겨 있습니다. 그 전까지는 물체가 움직일 때만 에너지를 가지며, 중력이 작용하지 않고 정지한 물체는 에너지를 갖지 않는다고 생각했습니다.

이로써 아인슈타인의 특수상대성이론은 원자폭탄 개발의 이론적 근거가 되었죠.

위 그림을 보면 우라늄 핵분열이 일어나기 전과 후의 질량이 같지 않음을 알 수 있습니다. 이를 '질량 결손'이라 부르죠. 즉, 상상하기 힘들 만큼 빠른 속도로 핵분열이 이루어지는 가운데 사라진 질량은 에너지로 바뀐 것입니다.

물리학자 리제마이트너(Lise Meitner, 1878-1968)는 아인슈타인의 공식을 적용해, 우라늄 핵분열로 발생하는 에너지가 2억 전자볼트(eV)임을 알아냈죠. 이는 같은 무게의 석탄이 탈 때보다 약 300만 배 많은 에너지라고 합니다.

2부 핵무기, 진짜 쏠 겁니까?

맨해튼 프로젝트

1941년 12월 7일, 일본이 미국의 진주만을 폭격하면서 태평양 전쟁이 시작되었습니다. 뒤이어 독일과 이탈리아마저 미국에 선전 포고를 하자, 미국 내부에서 전쟁에 대한 태도 변화가 일어났습니다.
더불어 아인슈타인의 편지를 받고도 느긋했던 루스벨트 대통령은 처칠이 정보를 제공하자, 신무기 개발을 더 이상 미룰 수 없다고 판단했죠.
이때부터 미국의 핵무기 개발에 속도가 붙기 시작합니다. 미 정부의 과학연구개발국이 원자폭탄 개발 계획을 추진하기 시작했고, 미 육군 역시 맨해튼에 계획 본부를 설치하였습니다.
1942년 8월, 이 두 곳에서 공동 작업이 시작되면서 일명 '맨해튼 프로젝트'가 본격적으로 가동됐습니다.
미국 정부의 지원은 아낌이 없었습니다. 20억 달러(오늘날 화폐 가치로 220억 달러)라는 천문학적인 자금을 지원할 정도였으니까요.

우라늄 농축 방식과 플루토늄 추출 방식 가운데 어떤 것이 효과적일지 알 수 없었으므로, 연구는 두 가지 방향으로 추진되었습니다.

오펜하이머(Julius Robert Oppenheimer, 1904-1967)
미국 물리학자이자 맨해튼 프로젝트 책임자.

리처드 파인만(Richard Phillips Feynman, 1918-1988)
미국 물리학자이자 노벨 물리학상 수상자.

존 폰 노이만(Johann Ludwig von Neumann, 1903-1957)
헝가리 출신의 미국 수학자이자 물리학자로, 현대 컴퓨터의 개념을 처음 개발.

에드워드 텔러(Edward Teller, 1908-2003)
헝가리 출신의 미국 물리학자.

존 해즈브룩 밴블렉(John Hasbrouck Van Vleck, 1899-1980)
미국 물리학자이자 노벨 물리학상 수상자.

케네스 베인브리지(Kenneth Tompkins Bainbridge, 1904-1996)
미국 출신 물리학자.

제임스 채드윅(James Chadwick, 1891-1974)
영국 출신의 노벨 물리학상 수상자.

엔리코 페르미(Enrico Fermi, 1901-1954)
이탈리아 출신의 노벨 물리학상 수상자.

한스 베테(Hans Albrecht Bethe, 1906-2005)
독일 출신의 미국 물리학자이자 노벨 물리학상 수상자.

이들은 맨해튼 프로젝트에 동원된 과학자들입니다. 노벨상 수상자를 비롯해 당대 최고라고 불린 과학자들이 대부분이었습니다.

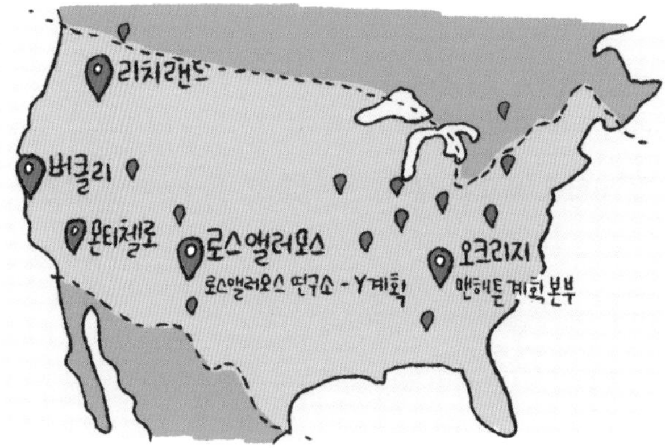

맨해튼 프로젝트는 한 곳이 아니라 여러 곳에서 동시에 진행되었습니다. 원자폭탄을 개발하는 데 다양한 과정이 필요했기 때문입니다.

테네시주 오크리지에서는 우라늄 정제와 무기 제조 과정 가운데 중요한 공정들이 진행되었습니다.

폭탄 개발과 관련한 연구는 대부분 뉴멕시코주 로스앨러모스에서 추진했죠. 그 외에도 여러 장소에서 각기 다른 업무를 진행했으며, 이 과정에 동원된 인원은 무려 13만여 명이나 되었습니다.

핵무기, 진짜 쓸 겁니까?

맨해튼 프로젝트에 따라 개발되고 '트리니티'라는 명칭으로 실행한 신형 폭탄의 폭발 실험은 새로운 무기, 즉 핵무기 원자폭탄의 성공을 알려 주었습니다.

그러나 성공만 안겨 준 것은 아니었습니다.

폭발과 함께 12km 상공까지 치솟는 버섯구름을 만들고, 3m 깊이에 폭 300m가 넘는 웅덩이를 만들었으며, 상당한 범위에 걸쳐 방사능 오염을 일으켰습니다.

엄청난 파괴력을 지켜본 맨해튼 프로젝트 참여 과학자들은 무언가 잘못되었다는 사실을 깨달았죠.

신형 폭탄의 위력은 그들이 상상한 것 이상이었고, 이 폭탄을 사용한다면 인류의 미래는 죽음으로 향할 게 분명했기 때문입니다.

그러나 한 번 개발한 폭탄이 다시 과학자들의 손에 들어올 리는 없었습니다. 원자폭탄은 미국 정부의 무기가 되었고, 따라서 정치인들의 의도에 따라 사용될 것이 자명했죠.

제2차 세계대전 이후, 미 국무장관으로서 유럽 부흥 계획 '마셜 플랜'을 설계하고 시행한 공로를 인정받아 노벨 평화상을 받은 조지 마셜(George Catlett Marshall, 1880–1959)은 이렇게 말했습니다.

그 외에 태평양사령관 더글러스 맥아더(Douglas MacArthur, 1880–1964), 유럽군 최고사령관이던 아이젠하워(Dwight David Eisenhower, 1890–1969) 등도 원자폭탄 사용에 반대했습니다.

그렇지만 미국 정부는 이 폭탄을 실제 사용하기로 결정합니다.

두 발의 원자폭탄

1945년 8월 6일 오전 8시 14분.

미군 소속 B29 폭격기 한 대가 일본 히로시마 상공에 도착했습니다. 그 비행기는 길이 약 3.3m, 지름 70cm, 무게 4.4톤에 달하는 '리틀 보이(Little boy)'라는 이름의 원자폭탄을 싣고 있었죠.

조종사 폴 티벳 중령의 어머니 이름을 따 '에놀라 게이(Enola Gay)'라고 부른 이 비행기는 히로시마 상공 9,750m에서 폭탄을 투하했습니다.

그로부터 57초 후인 8시 15분, 자동 폭발 고도인 580m에 도달하였고, 리틀 보이는 폭발했습니다. 그 후 발생한 버섯구름은 트리니티 핵실험 때보다 훨씬 강력한 규모로 18㎞ 상공까지 치솟았습니다.

지상에서는 반경 1.6㎞ 이내의 모든 것이 파괴됐죠.

히로시마 인구 35만여 명 가운데 7만여 명은 폭발과 함께 사망하였고, 부상자 7만여 명도 해를 넘기지 못하고 사망했습니다. 살아남은 사람들은 방사능 피폭으로 오랫동안 고통의 세월을 보내야 했습니다.

이때 폭발한 히로시마 원자폭탄은 우라늄235를 농축해 만든 것으로, 강도는 TNT 약 15,000톤이었습니다.

그로부터 사흘 후인 8월 9일 오전 11시 1분.

일본 나가사키 상공에 또 한 대의 폭격기가 모습을 드러냈습니다.

1분 뒤, '팻맨(Fat man)'이라는 이름의 원자폭탄이 나가사키 500m 상공에서 폭발했습니다. '뚱보'라는 뜻의 팻맨은 약 3.2m 길이에 지름 1.5m, 무게는 4.5톤에 달했고, 히로시마에 투하한 리틀 보이보다 더 강력했죠. 6.2kg에 달하는 순도 높은 플루토늄239로 만든 것으로, TNT 약 21,000톤에 해당하는 것이었습니다.

그러나 피해는 히로시마가 더 컸습니다. 도시 자체가 평야 지대일 뿐 아니라 도심에서 폭발했기 때문입니다.

반면에 나가사키는 산지가 많았고 폭발 지점 역시 도심에서 약간 떨어진 곳이어서 피해 규모는 히로시마보다 작았습니다. 나가사키에서는 이듬해 초까지 7만여 명이 사망했습니다.

원자폭탄 투하 후의 히로시마 모습.

원자폭탄으로 곤두박질친
나가사키 우라카미 성당 종탑.

파괴된 히로시마 산업 장려관 건물. 지금은 '원폭돔'이라
부르며 세계문화유산에 등재되었다.

원자폭탄에 참혹한 죽음을 맞은 희생자들.

처참한 현실에 넋을 잃은 생존자들. 이들은 원자폭탄의 잔인함을 온몸으로 느껴야만 했다.

위 사진들은 일본 군사 사진가로 활동했던 야마하타 요스케가 나가사키 원자폭탄 투하 이튿날인 8월 10일에 찍은 사진들이며, 이 비참한 사진들은 1952년까지 미군에 의해 배포가 금지되었다.

두 도시에서 원자폭탄이 폭발한 후 발생한 장면은 눈 뜨고는 볼 수 없을 만큼 잔인하고 참혹했습니다.
그림자만 남긴 채 사라진 시신들, 녹아내리는 몸을 붙잡고 신음하는 어린이들, 불에 바싹 타 버린 시신 등 상상할 수 없는 모습으로 죽어 가는 사람들로 도시는 지옥이 되었습니다. 강물에는 뜨거움을 못 이겨 물에 뛰어든 채 죽어 가는 사람과 동물들로 가득했고, 도시는 남은 건물이 하나도 없는 폐허가 되었죠.
미군은 너무나 비참한 현실을 전하는 사진들의 배포를 금지할 정도였습니다.

그러나 우리가 잊지 말아야 할 사실이 있습니다.

원자폭탄은 누구를 상대로 쏜 것일까?

1945년 8월 8일.

나가사키 원자폭탄 투하 하루 전 소련*은 일본에 선전 포고를 합니다.

그리고 이튿날 새벽, 소련은 만주에서 일본군에 대한 공격을 시작했죠.

일본 정부는 부랴부랴 회의를 소집했습니다.

그 전부터 소련이 자신들을 공격한다면 전쟁을 더 이상 수행하기 어려울 거라고 판단했기 때문입니다. 그런데 소련이 선전 포고를 함과 동시에 공격을 시작한 것입니다.

일본 정부가 소련의 선전 포고에 어떻게 대처할 것인가 회의를 하는 동안, 나가사키에 또 한 발의 원자폭탄이 떨어졌습니다.

* '소비에트 사회주의 공화국 연방'의 약칭이다. 최초의 사회주의 연방 국가로 지금의 러시아, 우크라이나, 우즈베키스탄 등이 소련에 편입되어 있었으며 1990년 해체되었다.

엿새 후, 1945년 8월 15일 정오.

일본은 항복을 선언합니다.

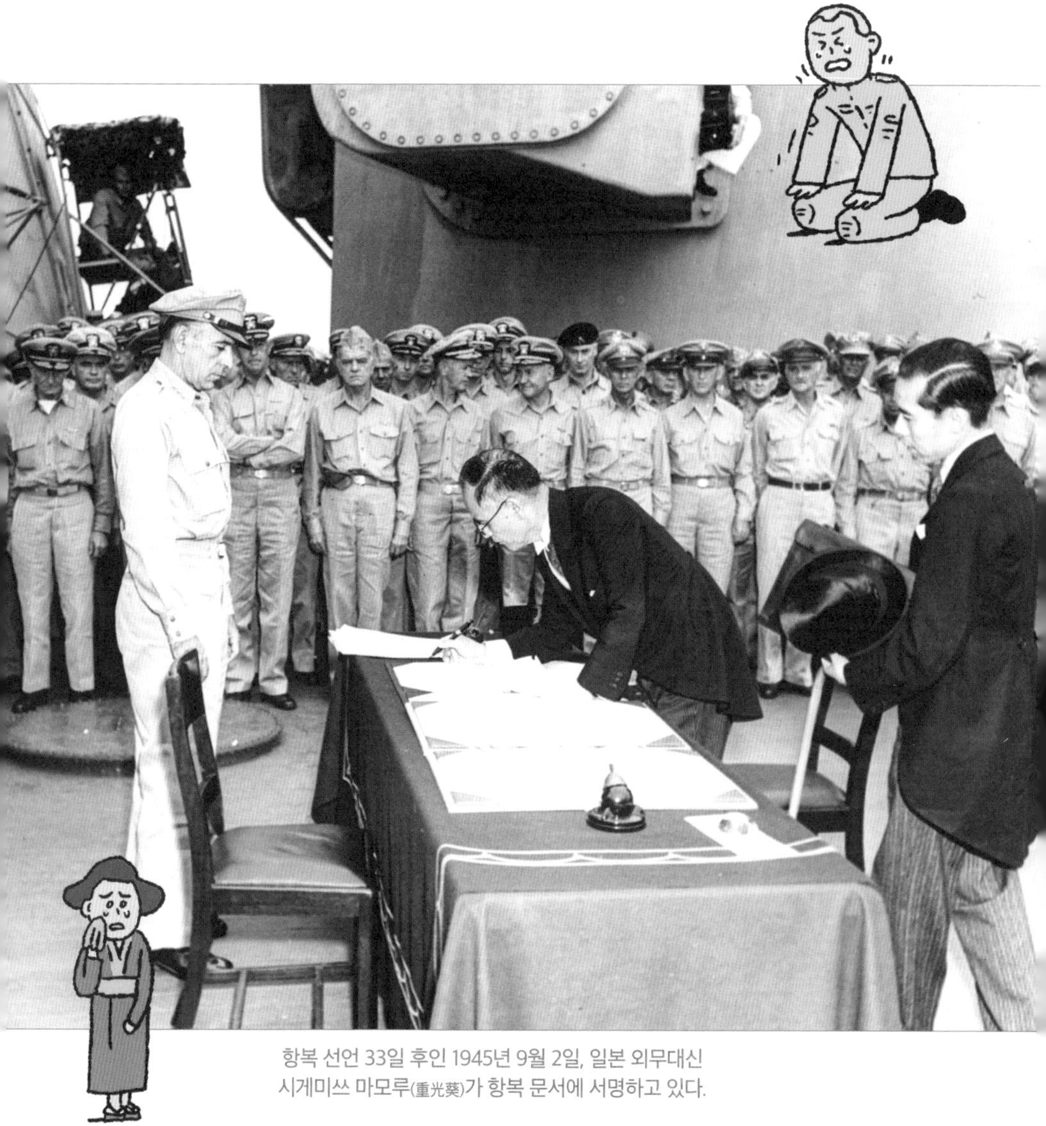

항복 선언 33일 후인 1945년 9월 2일, 일본 외무대신
시게미쓰 마모루(重光葵)가 항복 문서에 서명하고 있다.

그렇다면 일본은 왜 항복을 했을까요?

이에 대해 학자들은 각기 다른 답변을 내놓고 있습니다.

첫 번째는 미국의 원자폭탄 공격으로 일본이 항복했다는 의견입니다.

그러나 다른 의견을 내놓은 학자들도 있었습니다.

정답은 일본만이 알 것입니다.

한편 학자들 사이에 미국이 원자폭탄을 투하한 이유가 단지 일본의 항복을 이끌어 내기 위한 것만은 아니라는 의견이 지배적입니다.

* 국가의 최고 권위자로 천황을 두는 제도. 일본 헌법1조 1항을 보면 '천황은 일본국의 상징이고 일본 국민 통합의 상징이며, 이 지위는 주권이 있는 일본 국민의 총의에 기초한다.'라고 규정할 정도로 일본의 천황제는 역사, 문화 그 자체라고 말할 수 있다.

미국 트루먼 대통령을 비롯해 아이젠하워 장군 등 많은 군사 전문가들이 일본이 머지않아 항복할 것이라고 예상하였는데도 원자폭탄을 투하했기 때문이죠.
이러한 미국의 행동은, 제2차 세계대전이 끝난 후 세계 패권을 놓고 다투게 될 소련에 대한 경고의 의미였다고, 여러 학자들은 주장하고 있습니다.

소련 역시 미국과 다르지 않았습니다.

제2차 세계대전이 끝난 후 세계를 어떻게 다루어야 할지에 대해 계산기를 두드리고 있었으니까요.

미국이 히로시마에 원자폭탄을 투하하자마자 소련 지도자 스탈린은 일본에 대한 선전 포고와 함께 공격에 나선 것을 보면 알 수 있습니다.

그뿐이 아니었습니다.

원자폭탄이라는 가공할 신형 폭탄의 위력을 확인한 스탈린은 즉시 소련 내 과학자들에게도 원자폭탄 개발에 나서라고 명령하였죠.

그때부터 소련 역시 핵무기 개발에 전력을 기울였습니다.

* 동아시아를 이르는 말. 한국, 중국, 일본, 대만, 몽골 등이 속한다.

3부

핵무기, 왜 너희만 가져야 하는데?

냉전의 시작

1945년 5월 8일, 독일이 연합군에 항복하였습니다.

8월 15일에는 일본마저 항복함으로써 제2차 세계대전은 끝이 났습니다.

세계는 드디어 전쟁의 고통에서 벗어날 수 있었죠.

그러나 그 끝은 평화의 시작이 아니라 대립의 시작이 되고 말았습니다.

미국 중심의 자본주의 세력과 소련 중심의 공산주의 세력으로 나뉘어

맞섰습니다.

이 시기를 냉전 시대라 부릅니다.

원자력, 국제 문제가 되다

한편 히로시마와 나가사키에 투하된 원자폭탄은 전후(戰後) 국제질서에 커다란 장애물로 남게 되었습니다. 원자폭탄이 인류에게 남긴 후유증이 너무 컸던 것이죠.

이 문제를 어떻게든 관리해야 한다는 데 여러 나라가 동의했고, 그 결과 1946년 1월, UN 산하에 UN원자력위원회(United Nations Atomic Energy Commission, UNAEC)가 설립되었습니다. 설립 목적은 원자력 에너지의 평화적 이용을 위한 통제, 원자력 무기를 비롯한 군비 축소, 원자력 에너지의 효과적 보호 관리 등입니다. 그리고 1946년 6월에는 UN원자력위원회 미국 대표인 버나드 바루크(Bernard Mannes Baruch, 1870-1965)가 원자력의 국제 관리안인 '바루크 플랜'을 제안했습니다.

바루크 플랜에는 원자력의 평화적 사용을 보장하기 위해 원자력 통제를 실시하고, 핵무기와 그에 준하는 주요 무기를 폐기하자는 내용 등이 담겨 있었죠. 그러나 소련은 여기에 반대하고 나섰습니다.

결국 바루크 플랜은 실행되지 못했고, UN원자력위원회 역시 1949년 활동을 멈추었습니다.

미국의 독점과 세계의 반발

UN원자력위원회가 활동 중인 1946년 8월, 미국은 맥마흔 법을 통과시켰습니다. 상원의원이자 원자력특별위원회 위원장인 맥마흔(Brien McMahon, 1908-1988)이 제출한 이 법안에는, 미국의 원자력 관련 사업은 모두 미국원자력위원회로 이관하고, 핵과 관련된 정보의 유출은 엄격히 금지하는 내용이 담겨 있습니다.

이로 인해 원자폭탄 개발을 위해 추진한 맨해튼 프로젝트는 1947년 종결되고, 핵무기 관련 업무는 미국원자력위원회로 이관되었습니다.

그리고 핵무기와 관련한 모든 정보는 공개할 수 없다고 선언했습니다.

이 소식을 듣고, 이번에는 영국이 발끈하고 나섰습니다.

사실 영국은 미국보다 앞서 세계 최초의 원자폭탄 개발 프로젝트를 진행했습니다. '튜브 알로이스 프로젝트(Tube Alloys Project)'가 그것으로, 1941년 8월에 영국과 캐나다가 함께했죠.

프로젝트 시행 전인 1940년에 영국 국방과학위원회는 MAUD(Military Application of Uranium Detonation)위원회를 구성하였고, 이 위원회는 우라늄235로 원자폭탄을 제조할 수 있다는 보고서를 작성하였습니다.

그러나 영국은 이 프로젝트를 미국과 공유하기로 결정했습니다.

비용이 많이 들 뿐 아니라, 그 무렵 영국은 독일 공군의 공격 범위 안에 있어 프로젝트를 추진하기 어려웠기 때문입니다.

결국 영국은 미국과 협정을 맺었습니다.

협정을 맺기 전, 미국과 영국은 개별적으로 추진하던 원자폭탄 프로젝트를 맨해튼 프로젝트로 통합하기로 했습니다.

이런 과정을 거쳐 1943년 8월 19일, 캐나다 퀘벡에서 영국 수상 처칠, 미국 대통령 루스벨트, 캐나다 수상 매켄지가 참여한 가운데 비밀 협정을 맺었고, 이 협정을 '퀘벡협정(Quebec Agreement)'이라고 합니다.

그리고 다음과 같이 약속합니다.

- ✦ 미국과 영국은 핵무기 개발을 위해 자유롭게 정보를 교환한다.
- ✦ 이 프로젝트를 통해 생산된 무기는 서로에게 사용하지 않는다.
- ✦ 서로의 동의 없이는 제삼자에게도 사용하지 않는다.
- ✦ 서로의 동의 없이는 제삼자에게 이와 관련한 정보를 제공하지 않는다.
- ✦ 미국이 부담한 비용을 고려해, 전쟁 후 영국의 산업적 또는 상업적 이용은 제한할 수 있다.

그런데 미국이 자국법을 앞세워 핵무기와 관련된 정보를 다른 나라에 전달하지 않기로 한 것입니다.

영국은 자신이 먼저 전달한 정보를 바탕으로 핵무기를 개발한 미국의 태도가 적반하장이라고 여길 수밖에 없었습니다.

이로써 핵무기를 국제적 관리 아래 두려는 국제사회의 노력은 물거품으로 끝나고 말았습니다. 이때부터 강대국들은 저마다 핵무기 개발에 박차를 가했습니다.

비키니 환초(Bikini Atoll)

제2차 세계대전이 끝난 후 핵무기 관련 정보를 홀로 보유하고 있던 미국은 핵의 평화적 사용에는 관심을 갖지 않았습니다. 그 대신 좀 더 강력한 핵무기를 개발하고자 노력했죠.

전쟁이 끝난 이듬해인 1946년 7월 1일.
미국은 마셜제도의 작은 환초*인 비키니 환초에서 또다시 핵실험을 감행했습니다. 히로시마, 나가사키 원자폭탄 투하로 벌어진 참극을 재연한 듯했고, 세계는 이를 보고 경악했습니다.

* 고리 모양으로 배열된 산호초로, 섬의 일종이라고 할 수 있다.

그로부터 나흘 후인 7월 5일, 프랑스의 의상 디자이너 루이 레아르는 세상에 없던 옷 한 벌을 선보였습니다.

그건 브래지어와 브리프(Brief)로 구성된 수영복이었습니다.

그의 예상대로 비키니 수영복은 세계를 다시 한 번 놀라게 했습니다.

모델들은 이 옷 입기를 거부해, 스트립 댄서가 입고 나가 선보였죠.

바티칸 교황청은 이 옷을 죄악의 상징이라고 여겼고, 가톨릭 국가들은 이 옷을 금지하기까지 했습니다.

미국은 비키니 환초에서만 1958년까지 총 23회의 핵실험을 실시했습니다. 핵실험 때문에 오랜 세월 터전을 잡고 살아온 원주민들은 강제로 떠나야 했죠.

이들의 비극은 여기서 끝나지 않았습니다.

고향을 떠난 지 23년 만인 1969년에 돌아왔을 때, 자신들의 고향 땅은 폐허나 다름없었습니다. 그리고 핵실험으로 인해 큰 고통을 겪어야 했습니다.

결국 그들은 다시 고향을 떠나야 했죠.

그럼에도 미국은 자국 영토에서 한참 떨어진 이 작은 섬 주민들의 불만을 들어줄 뜻이 전혀 없었습니다.

핵무기 시대의 전개

미국과 소련

핵무기인 원자폭탄을 개발한 후 실전에 사용한 미국은, 한동안 자신들이 세계 정치의 주도권을 행사할 것이라고 믿었습니다. 더불어 모든 정보를 독점한 채 자신들만의 핵무기 개발에 나섰기 때문에, 다른 나라는 쉽게 핵무기 개발에 성공하지 못할 거라고 여겼죠.

그러나 세상은 미국 뜻대로 움직이지 않았습니다.

오히려 미국의 핵무기 독점은 끝나가고 있었습니다.

그 종지부를 미국과 대립이 가장 심했던 소련이 찍었습니다.

1949년 8월 29일, 카자흐스탄 초원에서 소련 최초의 원자폭탄 'RDS-1'의 실험을 실시했습니다. 눈부신 섬광이 반짝이더니 이내 버섯구름이 발생했죠. 실험은 성공적이었습니다. 이는 미국이 예상한 시기보다 훨씬 빠른 결과였습니다.

미국은 1945년 원자폭탄 실험에 성공할 때까지 모든 사실을 비밀에 부쳤지만, 소련은 이미 그 사실을 알고 있었던 것입니다. 미국의 움직임을 간파한 순간 소련은 발 빠르게 핵무기 개발에 나섰던 것이죠.

이 무렵부터 핵무기 개발 경쟁이 본격적으로 불붙기 시작했습니다.

영국과 프랑스

미국이 배신했다고 여긴 영국은 자체적으로 핵무기 개발에 나섰습니다.
소련이 독자적으로 성공하자 영국은 더욱 조바심이 났습니다.
드디어 1952년, 호주의 외딴섬 몬테벨로에서 영국 최초 핵실험을 실시하였고, TNT 25,000톤(원자폭탄 리틀 보이의 1.6배) 위력을 보여 주며 성공했습니다.
프랑스도 핵무기 개발에 본격적으로 나섭니다. 미국, 영국, 소련은 반발하며 핵 개발 포기를 종용했지만, 1960년 2월 첫 번째 핵실험에 성공했습니다.
핵실험 직후, 당시 프랑스 대통령이었던 드골은 이렇게 말했습니다.

강대국들의 수소폭탄 경쟁

강대국의 상징이 되어 버린 핵무기. 이로 인해 개발 경쟁은 더욱 치열해졌으며, 그 위력은 점점 강해졌습니다.
급기야 인류가 감당할 수 없을 만큼 거대한 위력을 가진 폭탄. 원자폭탄이 한 도시를 소멸시킨다면, 이제는 한 나라를 소멸시킬 만큼의 위력을 가진 폭탄 개발에 나선 것입니다.
바로 수소폭탄입니다.

수소폭탄을 처음 개발한 나라는 미국입니다.
1952년 11월 1일, 마셜제도의 또 다른 환초인 에니위톡에서 수소폭탄 실험을 한 결과, 37km 높이에, 위쪽 폭이 161km에 달하는 버섯구름으로 나타났습니다. 이는 히로시마에 투하한 원자폭탄의 700배에 달하는 위력입니다.

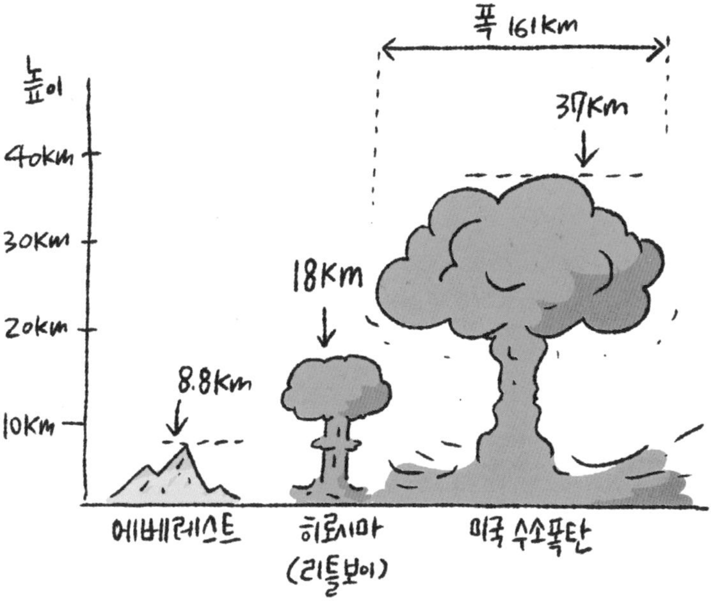

수소폭탄은 열핵폭탄 또는 열핵무기라고도 합니다. 핵융합 반응을 이용해 만들죠. 핵분열 반응을 이용하는 원자폭탄의 발전된 형식입니다. 그래서 원자폭탄을 만들지 않고선 수소폭탄을 만들 수 없고, 원자폭탄을 만들면, 수소폭탄 만드는 일은 그만큼 수월합니다.

수소폭탄 원리

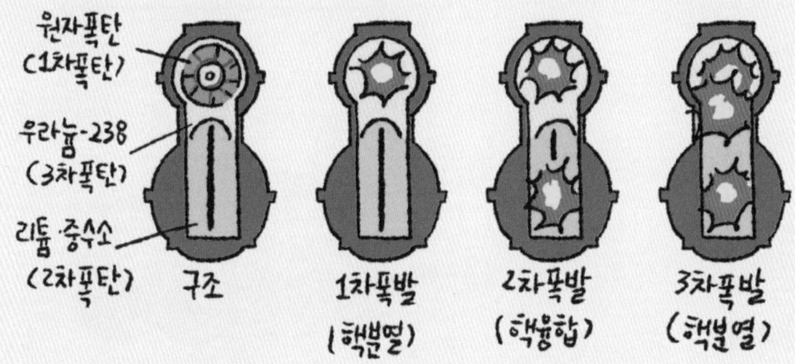

수소폭탄은 1단계에서 원자폭탄이 터지면서 핵분열을 일으켜 삼중수소를 만듭니다. 2단계에서는 폭탄 내 중수소와 삼중수소가 핵융합 반응을 일으켜 엄청난 에너지의 중성자를 형성합니다. 마지막 3단계에서 핵융합으로 생성된 중성자들이 핵융합 물질을 싸고 있는 우라늄238과 반응하여 핵분열을 일으킵니다. 즉 수소폭탄은 핵분열-핵융합-핵분열의 과정을 거치는 것입니다.

1953년, 소련도 수소폭탄 실험에 성공했습니다.

그러나 더욱 놀라운 일은 1961년에 일어났죠.

일명 '황제 폭탄'이라 불리는 수소폭탄 차르 봄바(Tsar Bomba)를 북극해에 위치한 소련의 섬 상공에서 실험한 것입니다. 히로시마와 나가사키에 투하한 원자폭탄 3,300개를 한 번에 폭발시킨 것과 같은 위력을 나타냈고, 이 폭발이 만든 버섯구름은 지상 67km까지 치솟았습니다.

이 수소폭탄 한 방이면 4억 6,000만 명의 사망자가 발생할 수 있다는 보고까지 나왔습니다.

이 폭탄은 역사상 인류가 만든 가장 위력적인 것으로 알려져 있습니다. 무게만 27톤에 달하는 차르 봄바는 애초에 목표 위력이 100메가톤(Mt)이었지만 기술진의 위험 경고로 목표치를 50메가톤으로 줄여 개발했습니다.

차르 봄바. 이 폭탄 하나가 한 나라를 집어삼킬 수 있다는 사실이야말로 핵무기의 정체를 보여 주는 사례이다.(사진 출처: 위키피디아)

지난해 공개된 차르 봄바 폭발 실험 영상에 따르면 폭발 실험 당시 섬광은 1,000km 밖에서도 관측이 가능했고, 폭발로 발생한 지진파는 지구를 11바퀴나 돌았다고 합니다.

4부

핵무기 개발자들의 반핵 운동

스파이(?)로 몰린 원자폭탄 개발자

원자폭탄이 개발되어 실험에 성공한 순간부터 과학자들과 정치인들 사이에는 이를 반대하는 움직임이 일었습니다. 그러나 그때는 제2차 세계대전이 한창이었고, 새로운 무기의 위력을 정확히 확인할 수 없었기에, 찬성하는 이들의 주장에 묻히고 말았죠.

그렇지만 수소폭탄이 등장하자 이전과는 다른 반응이 나타나기 시작했습니다.

본격적으로 핵무기 반대 운동이 싹튼 것입니다.

맨해튼 프로젝트 책임자
오펜하이머

부유한 집안에서 태어난 오펜하이머는 유대계 미국인에 천재였습니다. 하버드 대학에서는 물리학과 함께 역사와 철학, 문학도 공부하였고, 여러 언어에 능통했으며 졸업도 최우등으로 하였죠.

미국이 맨해튼 프로젝트를 추진할 때, 모든 사람이 능력 면에서는 그를 따라 자가 없을 거라 단언했지만, 다른 한편에서는 그의 사상을 의심했습니다.

그의 아내가 사회주의자였고, 파시즘을 반대하였으며, 스페인 내전에서는 군부에 반대하는 공화파를 지원하고 나섰으니까요.

미국 중앙정보국은 그의 사상이 의심스럽다며 반대했으나, 총책임자 그로브스 장군(Leslie Richard Groves Jr, 1896–1970)은 오펜하이머를 지지하였고, 로스앨러모스 연구소장으로 임명해 프로젝트를 책임지게 하였습니다.

오펜하이머는 맨해튼 프로젝트를 성공리에 완수했습니다. 그리고 전쟁이 끝난 1947년, 원자력위원회(Atomic Energy Commission) 의장에 임명되었죠. 그 무렵 원자력위원회 내부에서는 수소폭탄 개발이 소련에 핵무기 개발의 빌미만 안겨줄 뿐이라며 반대하는 사람들이 많았고, 오펜하이머 역시 그들의 의견에 동조하고 나섰습니다.

그러나 1950년 한국 전쟁이 발발하자 무력을 중시하는 세력의 입김이 세졌고, 이들의 주도로 미국은 1952년 수소폭탄 개발에 성공했습니다. 그런데 바로 뒤이어 1953년, 소련도 수소폭탄 개발에 성공하자 오펜하이머를 의심의 눈초리로 바라보기 시작했습니다.

매카시즘

중국의 공산화, 한국 전쟁 발발, 그리고 소련의 원자폭탄 개발 성공 등으로 냉전이 절정에 치닫자, 미국 내에서는 이른바 '매카시 선풍'이 불기 시작했습니다.
매카시(Joseph Raymond McCarthy, 1908-1957)는 미국 상원의원이었습니다. 서른여덟의 나이에 상원의원이 된 그는 더 큰 꿈을 꾸고 있었습니다.

그 무렵 미국은 민주주의 국가인 까닭에 사회주의자건 공산주의자건, 간첩 활동이나 국가 전복 활동을 하지 않는 이상 법적으로 아무런 문제가 되지 않았습니다.
그러나 매카시는 공산주의자, 이른바 빨갱이 소탕 작전이야말로 자신을 드러내는 데 가장 좋은 무기임을 깨달았습니다.

그 명단은 FBI가

참고 자료로 만든

것이었습니다.

매카시는 이 명단을

범법자로 둔갑시켜 미국 사회에

퍼뜨렸지요. 그 명단은 정확한

것도 아니었으며, 그 자신이 왜곡시킨

내용으로 가득했죠.

그런데도 미국 사회는 발칵 뒤집혔습니다.

그날 이후 미국은 갑자기 빨갱이와 빨갱이 아닌 사람 간의 대결장이 되고 말았으며, 빨갱이로 인정된 사람들은 오갈 데 없는 신세로 전락했습니다.

매카시가 자기 마음대로 진보 세력에게 빨갱이 딱지를 붙
공격에 나설 무렵, 미국 사회는 완전히 그의 손아귀에
농락당했다. '이것이 미래야? 공산주의 지배 아래 놓
미국'이라는 제목의 만화는 그런 사회상을 잘 보여 준

IS THIS TOMORROW
MERICA UNDER COMMUNISM!

매카시가 이끄는 국회는, 빨갱이로 낙인 찍은 사람들을 불러 청문회를 열었습니다.
매카시 편에 서서 진보 세력에 대한 공격에 나선 이들은 훗날 미국 대통령에 오른 영화배우 로널드 레이건, 월트 디즈니 등이었습니다.
반대로 매카시의 공격을 받은 사람들은 영화배우이자 감독인 찰리 채플린, 극작가 아서 밀러, 지휘자 레너드 번스타인 등 그 수를 헤아릴 수 없었습니다.

수소폭탄 개발에 반대한 오펜하이머 역시 매카시 선풍에 희생양이 되었습니다. 그는 청문회에 나가 매카시의 공격을 받은 끝에 모든 공직에서 물러나야 했습니다.

미국의 힘을 만방에 과시한 애국자에서 한순간에 매국노로 낙인찍힌 것입니다.

이뿐만 아니라 마셜 플랜(Marshall Plan, 유럽부흥계획=European Recovery Program)의 주인공 조지 마셜 전 국무장관까지 청문회에 소환당했죠.

안하무인으로 활동하던 매카시의 태도는 반발을 불러왔고 결국 매카시 자신이 청문회에 불려 나왔으며, 그가 제기한 수많은 의혹이 거짓으로 드러났습니다.
매카시 선풍은 급속도로 수그러들었고, 술독에 빠져 살던 매카시는 1957년, 48세의 나이로 세상을 떠났습니다.

훗날 미국 정부는 오펜하이머에게 엔리코 페르미상을 수여함으로써 과거의 잘못을 사과하였습니다.
그러나 매카시 선풍을 일으킨 광적인 반공주의를 가리키는 매카시즘(McCarthyism)은 이후로도 틈만 있으면 기어 나와 진보주의자, 반전 운동가, 평화주의자들을 공격하였습니다.

반핵 운동의 시작

매카시즘의 퇴보와 함께 사회가 이성을 되찾자, 반핵 운동이 점차 확산하기 시작했습니다.
처음 반핵 운동의 기치를 내건 것은 맨해튼 프로젝트에 참여한 과학자들을 포함한 노벨상 수상자들이었습니다.
이들은 기금을 마련하여 1945년 10월, 미국과학자연맹(The Federation of American Scientists, FAS)을 결성하였습니다. 지금도 활동하는 이 단체는 핵무기의 감축, 핵 관련 정보의 투명화, 정부의 핵 관련 정책 비판 등에 앞장서고 있습니다.

아인슈타인과 영국의 철학자이자 수학자인 버트런드 러셀(Bertrand Arthur William Russell, 1872~1970)도 세계 평화를 위해 뭔가 행동을 해야 한다고 판단했습니다.

1954년, 미국이 수소폭탄 실험을 감행하였을 때 더 이상 참을 수 없었던 아인슈타인과 러셀은 1955년 7월, 과학자 9명과 함께 〈러셀-아인슈타인 선언〉을 발표했습니다.
'핵무기 없는 세계와 분쟁의 평화적 해결을 호소하는 선언'이었습니다.
선언은 러셀 혼자 발표했습니다. 함께 선언서를 작성한 아인슈타인이 1955년 4월, 세상을 떠났기 때문입니다.
〈러셀-아인슈타인 선언〉은, 선언에 서명한 9명의 과학자들이 상상한 것보다 훨씬 많은 사람에게 영향을 끼쳤습니다.

공산주의와 반공주의 간의 갈등 따위는
이제 사소한 문제가 되었습니다.
그런 갈등을 계속하다가는 인류라는 종은
더 이상 존재할 수 없을 테니까요.
군사적 행동으로 얻을 수 있는 것은 없습니다.
수소폭탄의 발명과 더불어 이제 전쟁은
멸종의 위기를 안겨줄 뿐입니다.
우리에게는 단 한 가지의 선택지만이
있을 뿐입니다.
"인류의 종지부를 찍을 것인가,
전쟁을 포기할 것인가!!"

러셀이 직접 낭독한
<러셀-아인슈타인 선언> 표지.

두 사람의 선언은 이후 많은 사람의 행동으로 이어졌습니다.
캐나다 퍼그워시에서 태어나 미국에서 활동한 은행가 사이러스 이튼(Cyrus Stephen Eaton, 1883-1979)도 그 가운데 한 사람이었죠.

사이러스 이튼은 선언의 뜻을 실천할 과학자들 모임을 후원하겠다고 제안했습니다.
그의 뜻은 결실을 맺어 2년이 지난 1957년 7월, 미국, 영국, 소련, 폴란드 등 10여 개국 22명의 과학자들은 〈러셀-아인슈타인 선언〉의 뜻을 따르기로 다짐했죠.

그들은 후원자 사이러스 이튼의 고향 캐나다 퍼그워시에 모여 '과학과 세계의 분쟁에 관한 퍼그워시 회의(Pugwash Conferences on Science and World Affairs)'를 개최했습니다.

첫 번째 퍼그워시 회의에 참가한 과학자들은 〈러셀-아인슈타인 선언〉을 헌장으로 채택했으며, 이때부터 퍼그워시 회의는 인류 평화와 안전한 지구의 미래를 고민하는 공식적인 모임이 되었습니다.

1995년 노벨위원회는 핵 확산 방지에 기여한 공로를 인정하여 퍼그워시 회의에 노벨 평화상을 수여했습니다.

오늘도 퍼그워시 회의는 핵실험 중지 및 핵무기 감축을 위한 활동을 이어가고 있습니다.

5부 전쟁, 핵무기의 유혹

한국 전쟁과 핵무기

1950년 6월 25일, 한반도에서는 북한의 남침으로 제2차 세계대전 이후 가장 치열한 전쟁이 벌어졌습니다.

전쟁 초기에는 소련의 지원을 등에 업은 북한이 일방적으로 우세했습니다.

그러나 미국을 비롯한 16개국 연합군이 참전하면서 전세가 역전되었죠.

여세를 몰아 북쪽으로 진격한 연합군이 중국이 눈앞에 보이는 압록강 주변까지 차지하자, 중국군이 북한군 지원을 위해 한반도로 들어오기 시작했습니다.

예상치 못한 적의 공격에 연합군은 후퇴할 수밖에 없었고, 전세는 다시 역전되었습니다.

이 무렵 미국 정부는 원자폭탄 사용을 고려하기 시작했습니다.

1950년 11월 30일, 대통령 트루먼은 기자회견을 통해 한반도에 원자폭탄 사용을 검토하고 있다는 의사를 밝히자 세계 각국의 지도자들이 분주히 움직이기 시작했습니다.

여러 나라에서 핵무기 사용에 반대한다는 의견을 내놓았습니다. 그러나 연합군 사령관 더글러스 맥아더(Douglas MacArthur, 1880-1964)는 핵무기 사용을 고집했죠.

하지만 트루먼 대통령은 국제사회의 의견을 듣고 맥아더의 의견에 동의하지 않았습니다. 그래도 맥아더가 뜻을 굽히지 않자 그를 연합군 사령관직에서 해임했습니다.

결국 한국 전쟁은 원자폭탄 사용 없이, 1953년 7월 휴전이 성립되었습니다.

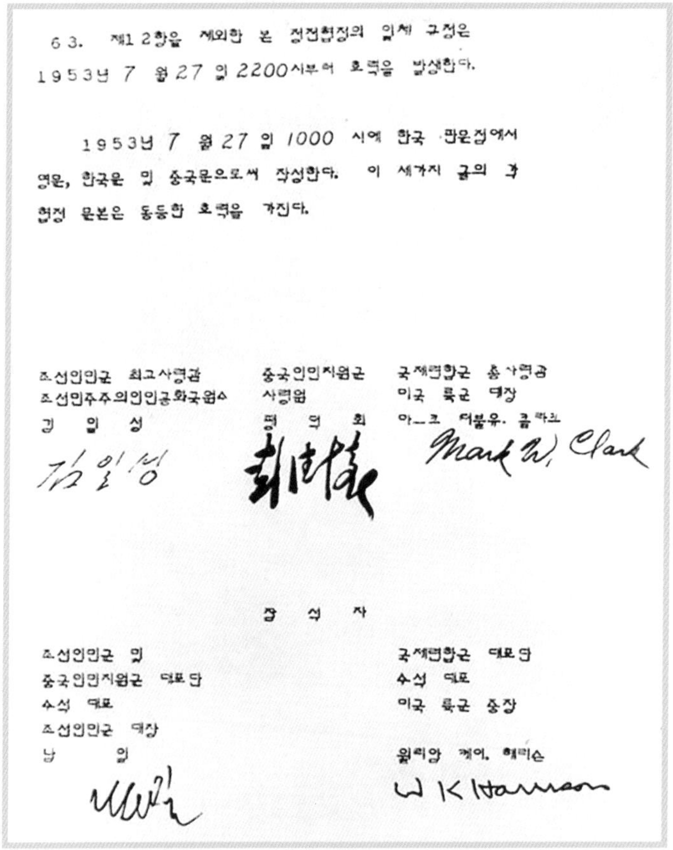

63. 제12항을 제외한 본 정전협정의 일체 규정은 1953년 7월 27일 2200시부터 효력을 발생한다.

1953년 7월 27일 1000시에 한국 판문점에서 영문, 한국문 및 중국문으로써 작성한다. 이 세가지 글의 각 협정 문본은 동등한 효력을 가진다.

조선인민군 최고사령관	중국인민지원군	국제련합군 총사령관
조선민주주의인민공화국원수	사령원	미국 륙군 대장
김 일 성	팽 덕 회	마-크 더블유. 클라크
		Mark W. Clark

참 석 자

조선인민군 및	국제련합군 대표단
중국인민지원군 대표단	수석 대표
수석 대표	미국 륙군 중장
조선인민군 대장	
남 일	윌리암 케이. 해리슨
	W K Harrison

북한, 중국, 연합군의 서명이 담긴 휴전 협정문.

전쟁이 준 교훈(?) 중국의 핵무기 개발

한국 전쟁에서 큰 경험을 얻은 나라가 중화인민공화국*입니다.
중화인민공화국은 중국 본토를 사이에 두고 중화민국**과 싸운 끝에 중국 전역을 손에 넣었습니다.
이들은 나라의 체제도 제대로 갖추지 못한 상황에서 한국 전쟁에 참전해야 했죠. 당연히 엄청난 인적·물적 피해를 감수하면서 북한 지원에 나섰는데, 이 전쟁에서 중국은 97만여 명의 인명 피해를 입었습니다.

* 오늘날 중국을 말하며 그 당시에는 중공이라고도 불렀다.

** 원래 중국 본토를 통치하던 나라로, 1949년 중화인민공화국에게 패하여 타이완으로 나라를 옮겨야 했다.

한반도를 미군이 점령해 중국과 대치하는 것은 위험할 수 있다는 판단에 지원에 나섰던 터라, 중국은 미국으로부터 끊임없이 원자폭탄을 사용하겠다는 위협에 시달려야 했습니다.

당시 주석이었던 마오쩌둥(毛澤東, 1893-1976)은 굳은 결심을 합니다.

그러나 건국한 지 1년도 채 안 되었고, 한국 전쟁 여파로 당장 원자폭탄 개발에 나설 여력이 없었습니다.

1957년, 중국은 소련의 지원을 등에 업고 전 세계에 흩어져 있던 중국 출신 과학자들을 소집하기 시작하면서 본격적으로 원자폭탄 개발에 나섰습니다.

그로부터 7년 만인 1964년 10월, 중국 역시 원자폭탄 개발에 성공했습니다. 이로써 중국은 세계 다섯 번째이자 아시아 국가로는 최초로 원자폭탄 개발에 성공하였고, 1967년에는 수소폭탄 실험에도 성공하였습니다.

1966년, 핵무기 탑재 미사일 발사 성공을 축하하는 행사가 천안문 광장에서 열렸다.
현수막에는 '우리 나라의 원자폭탄 무기 실험 성공 발사를 열렬히 축하한다.'라고 쓰여 있다.

베트남 전쟁

미국은 한국 전쟁뿐만 아니라
베트남 전쟁에서도 핵무기 사용을
검토했습니다.
1969년, 미국 대통령에 취임한
닉슨(Richard Nixon, 1913~1994)은
그 무렵 한창이던 베트남 전쟁을 조기에
끝내고자 했습니다. 그러나 베트남 상황은 악화일로를 걷고 있었죠.
미국이 지원하던 남베트남군이 형편없이 밀렸기 때문입니다.
대통령 국가안보보좌관인 헨리 키신저는 '덕훅(Duck Hook)' 작전을
고려하였습니다. 이는 핵무기를 포함해 강력한 무기로 북베트남을
굴복시키려는 작전이었습니다.

미국은 핵무기 사용을 암시함으로써 북베트남이 굴복하기를 바랐습니다. 그러나 북베트남은 눈 하나 깜짝하지 않았죠.

결국 미국은 베트남에서도 핵무기 사용을 포기하였습니다.

그 대신 1973년, 파리 평화 협정*을 거쳐 남베트남에서 철수하였고, 그로부터 2년도 지나지 않아 남베트남은 북베트남에게 항복하고 말았습니다.

* 1973년 1월 27일 프랑스 파리에서 미국, 남베트남, 북베트남이 베트남 전쟁 종결을 약속한 협정을 말한다.

6부

지금부터 핵무기는 금지입니다?

국제원자력기구

세계 여러 나라가 핵무기 개발에 나서면서 더 이상 핵무기는 한 나라의 전유물이 될 수 없었습니다.
그뿐 아니라 핵무기 성능이 향상되면서 인류 전체의 위협으로 부상하고 있었죠.

한국 전쟁이 끝나갈 무렵인 1952년 11월, 미국 제34대 대통령에 당선된 아이젠하워는 1953년 UN 총회에서 핵의 평화적 사용에 관한 연설을 했습니다.

많은 사람들이 그의 의견에 동조하였습니다.

그 결과 1957년, 원자력의 평화적 이용을 위한 연구와 국제적인 공동 관리를 위한 조직인 국제원자력기구가 출범했습니다.

국제원자력기구(International Atomic Energy Agency, IAEA)는 다른 UN 산하 기구와 달리 자체적으로 헌장과 이사회를 갖는 준독립 기구입니다.

본부는 오스트리아 빈에 있으며, 원자력의 평화적 이용에 관한 연구 증진 및 지원, 원자력 관련 과학기술 정보 교환의 촉진, 핵물질의 군사적 이용을 방지하는 등의 활동을 합니다.

2021년 7월 기준, 173개국이 가입하고 있는데, 북한은 1974년 가입했다가 1994년 탈퇴했습니다.

국제원자력기구(IAEA) 가입 현황

가입을 안 한 나라 대부분은 소국 또는 도시국가 등이다. 눈에 띄는 나라로는 이스라엘이 있다.

IAEA의 설립 취지는 겉으로 보기에는 그럴듯합니다.

그러나 자세히 살펴보면 문제점이 많았습니다.

아이젠하워의 연설과는 달리 그가 대통령으로 재임하는 동안 미국이 보유한 핵무기는 1,400여 기에서 2만 기로 증가했습니다.

또 원자력의 평화적 이용이라는 명분 아래 원자력 에너지의 개발이 광범위하게 이루어졌죠. 그러면서 IAEA가 원자력 산업계의 이익을 위해 활동한다는 비판이 등장했습니다.

무엇보다 원자력 에너지가 확대되면서 이를 이용한 핵무기 확산도 문제점으로 드러났습니다. 1960년에는 프랑스가, 1964년에는 중국이 핵실험에 성공했고, 후에 원자폭탄을 개발한 인도와 파키스탄 역시 IAEA 창립 때부터 회원국입니다.

결국 핵무기 방지라는 본래 취지가 무색하게 되었습니다.

핵확산금지조약

IAEA만으로는 핵무기 확산을 방지할 수 없다는 사실을 모두 깨닫게 되자, 미국과 소련은 핵무기 확산은 더 이상 안 된다며 제도적 장치를 마련하고자 했습니다.

1969년 6월, 미국과 소련은 UN 총회에서 '핵확산금지조약(Nuclear Non-Proliferation Treaty, NPT)' 지지 결의를 이끌어 냈습니다. 그리고 이듬해인 1970년 3월 5일 조약이 발효되었죠.

이 조약의 주요 내용은 다음과 같습니다.

- ✦ 핵무기 보유국은 핵무기나 핵폭발 장치를 비보유국에 양도하지 않는다.
- ✦ 핵무기 보유국은 핵무기 경쟁 중지 및 핵 군비 축소를 위한 교섭을 성실하게 추진해야 한다.
- ✦ 비보유국은 핵무기나 폭발 장치를 획득하거나 제조하지 않는다.
- ✦ 비보유국은 핵물질을 핵무기나 폭발 장치로 전용하는 것을 방지하기 위하여 국제원자력기구(IAEA)의 사찰을 비롯한 안전 조치를 수용한다.
- ✦ 1967년 1월 1일 이전에 핵무기를 제조하고 실험한 미국, 소련, 영국, 프랑스, 중국을 공식적인 핵무기 보유국으로 인정한다.

그러나 NPT는 탄생 때부터 논란을 안고 있었습니다.
기존 핵무기 보유국의 핵무기는 인정하면서 다른 나라의 핵무기 개발은 금지하는 등 불합리한 내용이 너무 많았기 때문입니다.

핵무기 방지를 위해서는 지구상에 존재하는 핵무기를 폐기해야 하는데, 그런 내용도 없었죠.

처음부터 NPT는 '핵무기 없는 세상'이 아니라 '핵무기 없는 나라는 이후에도 핵무기 갖지 못하는 세상'을 지향했습니다.

공식적인 핵무기 보유국으로 인정받은 프랑스와 중국마저 이 조약을 거부하였습니다.

가입을 거부하던 프랑스와 중국은 1992년에야 비로소 NPT에 가입하였으나, 그 외에 많은 나라들은 미국과 소련이 주도한 NPT에 부정적인 태도를 보였습니다.

여러 나라가 개별적인 이유로 가입하지 않았습니다.

북한 역시 1985년에 가입했으나, 2003년 탈퇴했죠.

2021년 10월 기준, 191개국이 조약에 가입하였습니다.

한편 조약에 가입한 나라들은 IAEA로부터 핵과 관련한 내용에 대해 지속적으로 사찰을 받아야 합니다.

핵확산금지조약(NPT) 가입국 현황

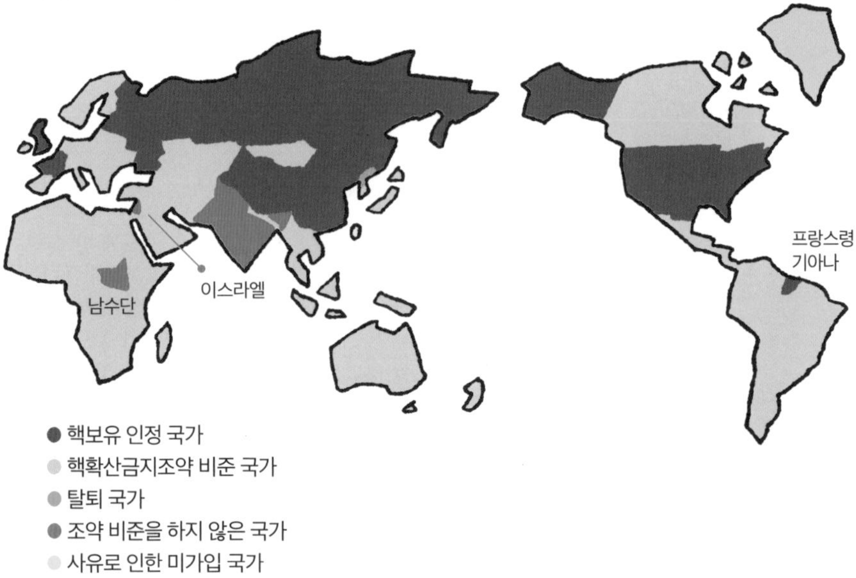

NPT 이후, 어떻게 핵무기를 가질 수 있었을까?

인도

IAEA와 NPT 등의 조치에도 불구하고 핵무기를 보유하려고 애쓰는 나라들은 계속 나타났습니다.

핵무기 보유를 금지한다는 국제적 약속이 출범한 후 처음으로 핵무기 실험에 성공한 나라는 인도였습니다. 인도가 핵실험에 성공한 것은 1974년 5월 18일이었습니다.

NPT가 발효한 지 4년이 지난 시점이기 때문에 인도의 핵실험은 명백한 조약 위반이지만, 인도는 NPT 조약에 가입하지 않았기 때문에 겉으로는 조약 위반이 아니었죠.

오늘날 NPT 가입국이건 아니건, 어느 나라가 핵실험을 했다면 그 나라는 국제사회로부터 온갖 비난과 제재를 받습니다. 북한이 대표적인 국가입니다.

그러나 인도는 비교적 평탄하게 핵실험을 실시하였고, 이후에도 별다른 제재를 받지 않았습니다.

그렇다면 인도는 어떻게 핵무기를 보유할 수 있었을까요?

영국으로부터 독립한 후 인도 초대 수상을 지낸 네루(Pandit Jawaharlal Nehru, 1889-1964)는 '인도가 세계에서 살아남기 위해서는 핵무기를 반드시 보유해야 한다.'고 믿었습니다.

1962년, 그의 뜻을 강화시킨 사건이 일어났죠.

그해 10월에서 11월에 걸쳐 히말라야산맥 일대에서 중국군과 인도군이 맞붙었습니다.

히말라야산맥 지역은 인도와 중국 사이의 국경이 불분명하여 예나 지금이나 갈등을 일으키고 있는 곳입니다.

중국-인도 국경 분쟁 지도

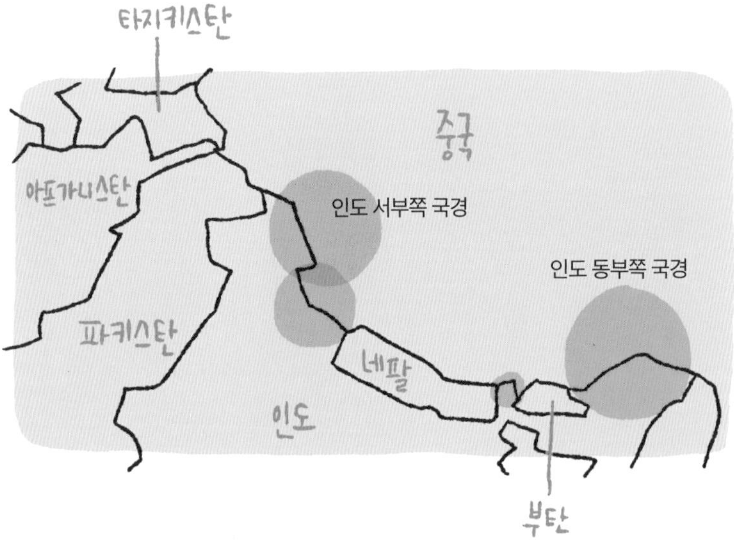

중국과 인도 사이의 국경은 역사적으로 또 지리적으로 명확히 형성되지 않아 끊임없는 문제를 야기하고 있다. 서부는 인도의 잠무카시미르와 중국의 악사이친을 사이에 둔 분쟁 지역이다. 동부는 영국 식민지 시절, 영국 행정관 맥마흔이 결정한 맥마흔라인의 인정을 놓고 인도와 중국이 갈등을 빚고 있다. 인도는 맥마흔라인에 따라 국경을 결정해야 한다고 주장하는 반면, 중국은 이를 인정하지 않는다.

그 전투에서 인도는 중국에 패했고, 이로써 인도는 핵무기 보유의 필요성을 확신하게 되었습니다.

네루가 사망한 후에도 핵무기 개발에 노력하여 1974년, 인도는 핵실험에 성공할 수 있었습니다.

핵실험에 성공한 인도는 미국을 비롯한 국제사회의 제재와 압력을 받았죠. 그렇지만 국제질서는 정의보다는 실익 편에 서 있었습니다. 2007년 7월, 미국과 인도는 핵 협정을 체결한 것입니다.

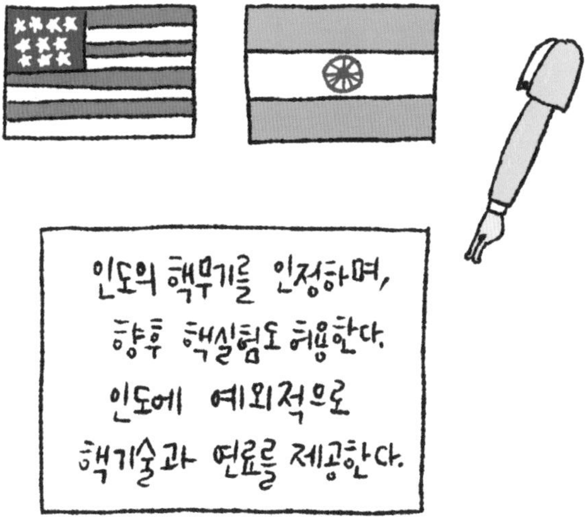

세계는 깜짝 놀랐습니다.

인도를 핵보유국으로 공식적으로 인정한 것도 모자라 핵 기술과 연료까지 제공한다는 것은 NPT 협정 위반이었으니까요.
미국의 저명한 학자들은 이와 관련해 반대 성명을 발표했고, 무효화를 요구했습니다.

노엄 촘스키

노엄 촘스키(Noam Chomsky, 1928-)는 미국의 언어학자로 정치·사회적 발언은 물론 사회 운동가로도 잘 알려져 있습니다. 전쟁과 핵무기, 신자유주의와 극우적 정책에 관한 날카로운 비판으로 많은 이들의 공감을 얻기도 했죠.

미국과 인도의 핵 협정에는 여러 의미가 담겨 있습니다. 우선 미국이 적대 세력으로 여기는 중국에 대응하기 위해 인도를 지원하려는 의도가 있습니다. 다른 하나는 군산복합체, 즉 인도에 핵 관련 물품을 팔아서 경제적 이익을 거두려는 미국의 속셈이 숨어 있었죠. 어떤 의미이건 NPT 가입국인 미국이 미가입국인 인도와 핵 협정을 맺은 것은 명분 없는 행동입니다.

파키스탄

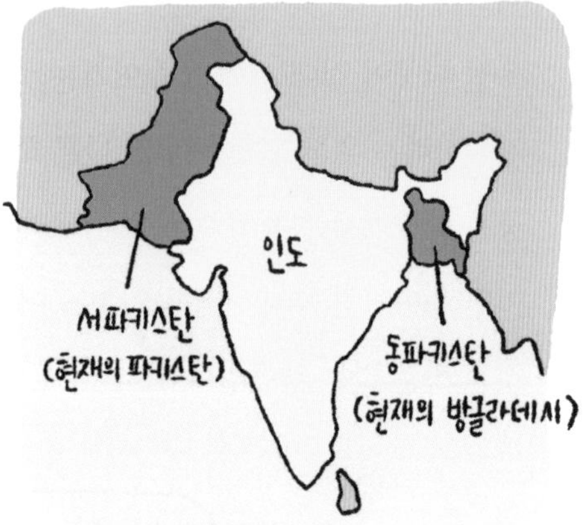

파키스탄 역시 NPT 가입국이 아닙니다. 파키스탄은 서쪽 파키스탄(서파키스탄)과 동쪽 파키스탄(동파키스탄이었다가 후에 방글라데시로 독립)으로 구성된 나라로, 인도와 함께 영국으로부터 독립한 바 있습니다. 본래 인도였으나 파키스탄과 인도로 분리되어 독립했는데, 그 이유는 종교적 차이였습니다. 인도가 힌두교 중심 국가인 반면, 파키스탄 지역 주민들은 이슬람교도가 대부분이었죠.

그 무렵 벵골만에 위치한 동파키스탄은 지리적으로 한참 떨어진 본국으로부터 불이익을 받고 있었습니다.

1971년, 동파키스탄인들은 독립을 선언했고, 이를 진압하고자 파키스탄군이 출동했죠. 그러자 인도군이 동파키스탄 내 힌두교도들의 안전을 지킨다는 명분으로 출병했습니다. 이 전쟁에서 파키스탄은 패했고, 동파키스탄은 방글라데시라는 나라로 독립합니다.

이때부터 파키스탄은 인도의 위협에서 벗어나기 위해서는 강력한 무력을 갖추어야 한다고 판단했습니다.

그런 와중에 1974년, 인도가 핵실험에 성공한 것입니다.

파키스탄 총리 부토

파키스탄 핵 물리학자
압둘 카디르 칸

인도와 오랜 갈등을 겪어 왔고, 인도와의 전쟁에서 패한 파키스탄으로서는 엄청난 위협을 느낄 수밖에 없었습니다.

그때 구세주처럼 한 인물이 나타났습니다.

바로 '파키스탄 핵의 아버지'라고 불리는 압둘 카디르 칸(Abdul Qadeer Khan, 1936–2021)입니다

아무리 천재라 해도, 압둘 칸 홀로 핵무기를 개발할 수는 없었습니다.
파키스탄 정부는 여러 경로로 다양한 핵심 부품을 입수하였고, 중국의 지원도 받을 수 있었죠.
중국은 갈등 관계에 있던 인도를 견제하기 위해 파키스탄을 지원할 이유가 충분했죠.
마침내 1998년 5월, 파키스탄도 핵실험에 성공했습니다.
파키스탄 역시 핵실험의 대가로 미국의 제재를 받아야 했습니다.
그러나 그 제재는 얼마 안 가 해제되었습니다. 이 역시 자국의 이익을 추구하는 국제 관계 때문입니다.

미국 대통령 부시

한편 압둘 칸은 파키스탄의 핵무기 개발뿐 아니라 북한에도 핵 관련 정보를 전한 것으로 알려져, 범죄자로 기소되었습니다.
그러나 파키스탄 정부는 그를 즉시 사면했고, 오늘날에도 그는 파키스탄의 국민 영웅입니다.
파키스탄 핵무기 개발은 자국의 이익을 위해서 NPT가 무력화될 수 있다는 또 다른 사례죠.

이스라엘

이스라엘의 핵무기는

핵무기 역사에서

가장 이해하기 어려운

사례입니다. 지금도

이스라엘은 핵무기에 관해

아무 말도 하지 않습니다.

하지만 세계 모든 나라들은 이스라엘이 핵무기를

보유하고 있다는 사실을 알고 있죠.

만일 다른 나라가 이런 태도를 갖는다면

어떨까요?

왜 이스라엘은 이토록 당당할까요?

게다가 이스라엘이 위치한 중동은 세계에서 가장 갈등이 큰 지역입니다. 따라서 누군가가 핵무기를 갖는다면 다른 나라들도 핵무기를 가지려 들 것입니다. 이러한 움직임은 이 지역의 안정을 해칠 게 당연해, 국제사회는 중동 여러 나라의 핵무기 보유를 절대 용납하지 않고 있는데도 말입니다.

이런 상황에서 이스라엘이 핵무기를 보유했음에도 제재조차 받지 않는 이유는, 미국의 용인이 있기에 가능할 것입니다.
미국은 수십 년 전부터 친이스라엘 정책을 펼치고 있습니다. 유대인들이 정치, 교육, 의료, 금융 등 미국 사회에 많은 영향을 끼치고 있기 때문이죠.

미국과 이스라엘은 1969년 비밀 협정을 맺었고, 그 이후 이스라엘은 핵무기 보유에 관해 긍정도 부정도 하지 않는 정책을 펼치고 있습니다. 그러나 다른 아랍권 국가들의 핵무기 개발 저지에는 강경했습니다.

2020년, 이란의 핵 개발 아버지라 불리는 모센 파크리자데(Mohsen Fakhrizadeh, 1958-2020)가 누군가의 기관총 세례를 받고 죽었습니다. 세계 각국은 이 테러를 이스라엘 정보기관 모사드의 행위로 여겼지만, 이스라엘은 이를 부인했죠.

다만 이스라엘 에너지청 장관 유발 스타이니츠는 이렇게 말했습니다.

"그 암살을 누가 했든 상관없이 이스라엘뿐 아니라 중동과 세계에 도움이 된다."

핵무기 없는 세상은 가능할까?

이스라엘을 비롯해 여러 나라 사례에서 알 수 있듯, 지구상에서 핵무기 보유는 정의와 불의의 싸움이 아니라 이해관계의 산물입니다.

핵무기 없는 세상은 UN의 제재를 통해 달성할 수 없습니다. 핵무기를 가진 어떤 나라도 핵무기를 포기하지 않기 때문입니다.

그리고 핵무기를 가진 나라가 있는 한 핵무기를 갖고자 하는 나라도 존재할 수밖에 없습니다.

이런 상황을 극복하고자 국제사회가 움직이기 시작했습니다.

호주 출신 의사이자
반핵 운동가 틸만 러프

2007년, 호주 멜버른에서 의사이자 반핵 운동가인 틸만 러프(Tilman Ruff, 1955-)가 중심이 되어 '핵무기 폐기 국제운동(International Campaign to Abolish Nuclear Weapons, ICAN)'을 결성, 출범했습니다.
핵무기 폐기 국제운동은 세계 각국의 단체들이 모여 만든 NGO 기구입니다. 106개국 607개 단체가 참여하고 있죠. 이들은 핵무기 폐기를 위해선 법을 만들어야 한다며, UN에 끈질기게 요청했습니다.

그 결과 지난 2017년 7월 UN 총회에서 '핵무기 금지조약(Treaty on the Prohibition of Nuclear Weapons, TPNW)'이 채택되었습니다. 이뿐만이 아닙니다. 같은 해 세계 평화를 위한 이들의 노력을 인정해, 노벨상위원회는 '핵무기 폐기 국제운동'에 노벨 평화상을 수여하기도 했죠.

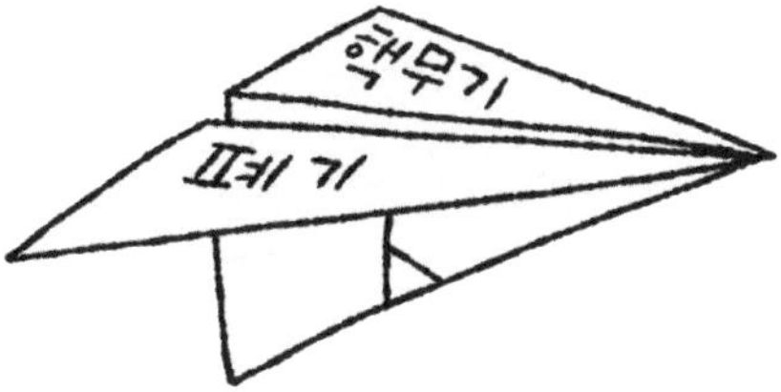

핵무기 금지조약은 NPT와 달리, 회원국들이 핵무기나 다른 핵폭발 장치를 개발·시험·생산·제조·취득·보유·비축하는 것을 금지합니다. 조약 서명국은 핵무기 및 기타 핵폭발 장치를 양도하거나 제공받는 것, 그러한 무기에 대한 통제, 조약에 따라 금지된 활동에 대한 어떠한 원조도 금지하고 있습니다.

나아가 핵무기와 다른 핵폭발 장치를 사용하거나 이를 통해 위협하는 것도 금지하며, 마지막으로 당사국들은 자국 영토에 핵무기와 기타 핵폭발 장치를 배치·설치할 수 없습니다. 한마디로 핵무기의 완전 소멸을 목적으로 하는 조약인 셈입니다.

2021년 1월 22일, 본 조약은 50번째 국가인 온두라스가 비준하면서 조약이 발효되었습니다.

이 조약으로 핵무기는 국제법상 대량 살상 무기로 금지되었죠. 그러나 2022년 기준, 이 조약에 서명하고 비준한 나라는 56개국, 서명 국가는 32개국에 불과합니다.

핵무기 금지조약(TPNW) 가입현황

조약 가입국 현황을 보면, 말로는 평화를 외치는 국가들이 실질적인 핵무기 폐지에는 적극적으로 나서지 않는다는 사실을 알 수 있습니다. 서명하지 않은 나라는 미국·영국·러시아·중국·프랑스 등 공식적 핵보유국은 물론 실질적 핵보유국인 인도·파키스탄·이스라엘과 북한이 있습니다. 일본과 대한민국 역시 서명하지 않았습니다. 그 외에도 유럽 대부분 나라가 서명하지 않았죠. 서명하지 않은 나라들을 살펴보면, 핵보유국들 외에 핵보유국의 군사적 동맹국들입니다.

7부 한반도와 핵무기

핵무기 개발, 우리가 먼저였다

한반도에서 살아가는 우리에게 가장 큰 관심사는 북한이 보유하고 있는 핵무기일 것입니다.
남한 사람들 가운데는 북한의 위협에 대비해 남한도 핵무기를 가져야 한다고 주장하는 사람도 있습니다.
역사를 돌아보면 한반도에서 핵무기 개발에 먼저 나선 것은 남한입니다.
북한에 핵무기가 없던 1970년대, 당시 박정희(1917-1979) 대통령이 핵무기 개발을 추진했습니다.

박정희 정부는 미국이 남한의 핵무기 개발을 묵인할 것이라고 여겼습니다. 미국의 동맹국 이스라엘처럼 말이죠. 그러나 남한은 달랐습니다. 미국은 끝까지 남한의 핵무기 개발을 반대했습니다.

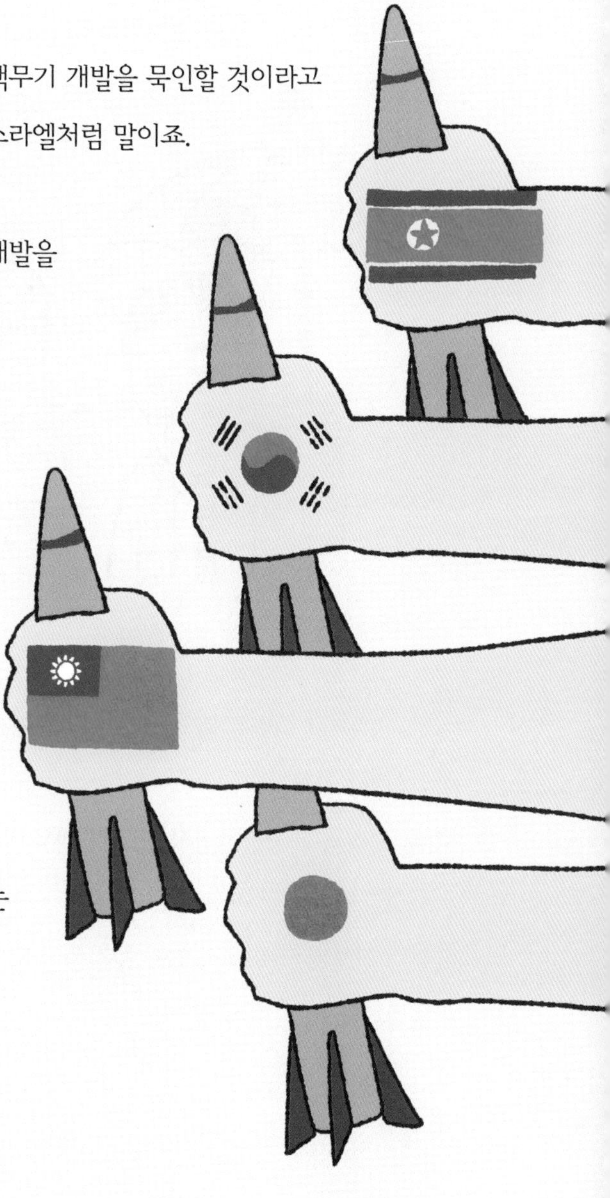

남한이 핵무기 개발에 나서면 일본, 북한, 대만 등 주변국들까지 핵무기 개발 열풍이 불어 너도나도 핵무장을 하려 할 테고, 그러면 NPT 체제가 심각한 위협을 맞게 될 것이라는 이유였습니다.

미국 국방장관
제임스 슐레진저

남한의 핵무기 개발을 반대하면서 다른 한편으로는 남한의 안보 우려를 불식시키고자 했죠.

그 후 박정희가 사망하면서 한국의 핵무기 개발은 수면 아래로 사라졌습니다.

그러나 한국의 핵무기 개발이 물거품이 되면서 불똥이 엉뚱한 방향으로 튀었습니다.

북한과 핵무기

1990년대에 들어서면서 세계정세는 급변했습니다.

소련이 붕괴하면서 세계의 사회주의 국가들은 더 이상 의지할 강대국이 없었습니다. 게다가 중국은 미국과 관계를 개선해 나가고 있었죠.

남한은 미국이 공언한 바와 같이 미국의 핵우산* 아래에 놓이게 되었습니다. 게다가 북한의 경제력은 남한에 비해 훨씬 뒤떨어지기 시작했죠.

돈이 없으면 당연히 강력한 무기를 도입할 수 없습니다.

결국 북한은 수십 년 전 남한 지도자였던 박정희가 느낀 바와 흡사한 위기의식을 품게 되었습니다.

* 핵무기 보유국의 핵전력에 의존하여 국가의 안전보장을 도모하는 것을 말한다.

사실 북한은 1980년대 초에 한반도 비핵 지대화를 제안한 바 있습니다.
남한이 미국의 핵우산 아래에 놓인 것은 곧 북한이 핵무기의 위협에 노출된 것으로 여겼기 때문이죠.
그러나 미국은 북한의 비핵 지대화 제안을 받아들이지 않았습니다.
동아시아 안보를 위해 핵무기 사용 권리를 갖고 싶었으니까요.
그러다 1990년대에 들어서면서 북한은 입장을 달리했고, 핵무기에 관심을 기울이기 시작했습니다.
그 후 우여곡절을 겪은 끝에 2006년 10월 9일, 처음으로 핵실험을 하였고, 그 이후에도 총 다섯 번에 걸쳐 핵실험을 감행했습니다.

북한 핵실험 일지

1kt(킬로톤)은 TNT 1,000톤을 터트리는 폭발력과 유사하다.

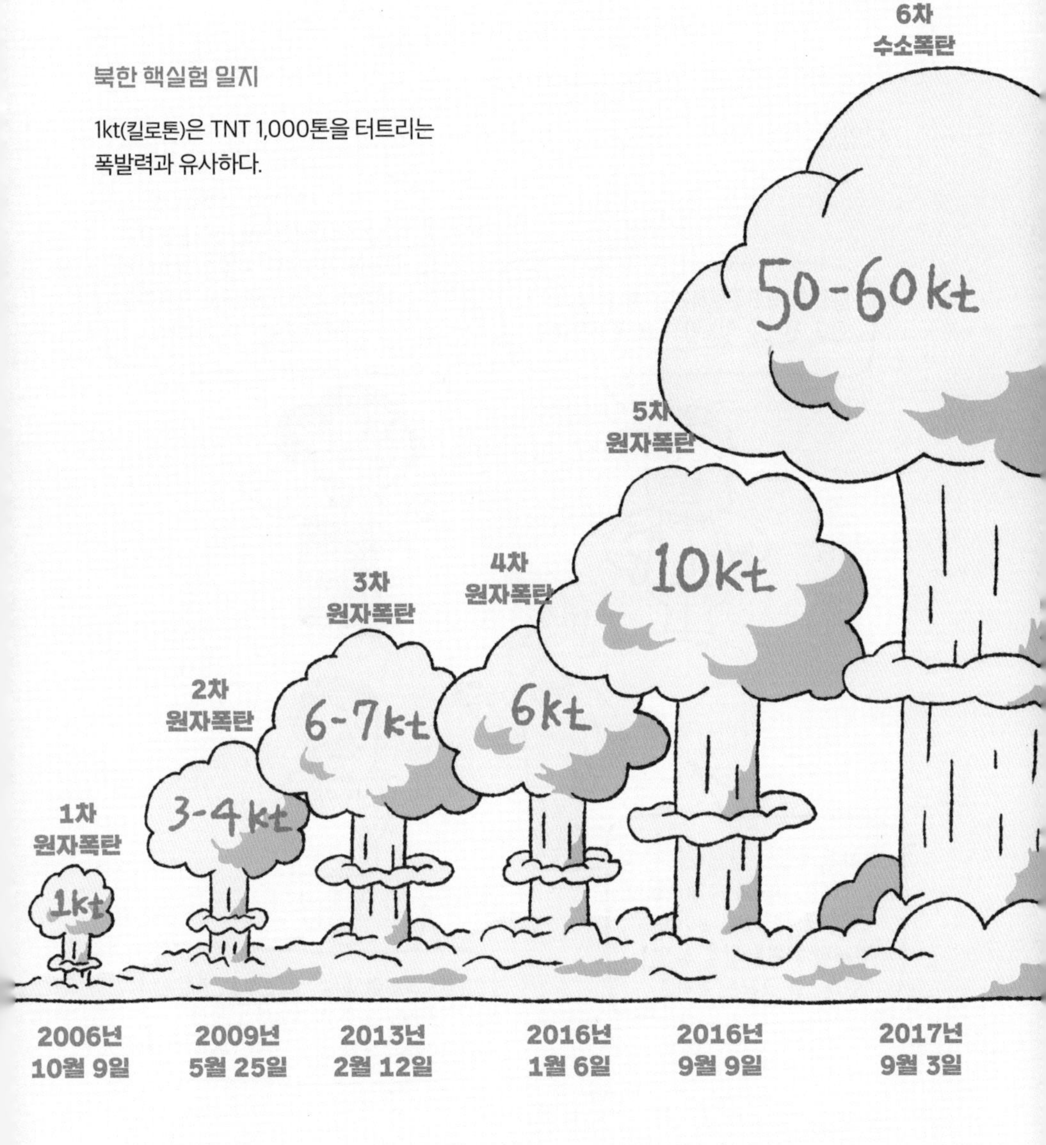

왜 북한이 핵무기 개발에 그토록 열을 올리는지에 대해서는 의견이 다양합니다.

리비아 모델

리비아 모델은 '리비아 무장해제' 또는 '리비아 비핵화'라고도 합니다.

리비아 역시 미국의 위협과, 중동에 위치한 핵보유국 이스라엘의 위협에 맞서기 위해 핵무기 개발에 나섰습니다.

그러나 미국을 비롯한 국제사회의 끊임없는 압력에 시달렸죠.

결국 2003년, 리비아는 보유한 모든 대량 살상 무기 포기와 비핵화를 선언합니다. 이에 대해 미국은 경제 지원을 약속하고, 2006년에는 리비아와 국교 정상화도 단행했습니다.

이것이 리비아 모델, 즉 '선 핵 폐기, 후 보상' 방식입니다.

그러나 미국의 경제 지원은 리비아가 기대한 것과는 차이가 있던 반면, 리비아를 둘러싼 미국의 영향력은 갈수록 커졌습니다. 그뿐이 아닙니다. 미국은 중동에서 핵보유국인 이스라엘의 영향력 축소에 나서지 않았죠. 결국 리비아는, 미국의 압력에 굴복했다는 다른 아랍국들의 비난을 받아야 했습니다.

2011년, 아랍 지역에 민주주의를 요구하는 혁명이 일어났습니다. 당시 아랍권 국가들은 장기 독재정권으로 정부의 부패, 인권 유린, 빈곤 등으로 문제를 겪고 있었죠.

리비아에서도 혁명이 일어났습니다. 이때 카다피 대통령은 미국에게 도움을 요청했지만, 미국은 반정부 세력을 지원하며 카다피 대통령 공격에 나섰고, 결국 반군이 그를 잡아 살해하도록 방조했습니다.

한반도 비핵화는 가능할까?

제네바 합의

북한 핵 문제를 해결하기 위한 과정 가운데 주목할 사건이 두 번 있었습니다.

첫 번째는 미국과 북한 사이에 체결한 비공개 협약인 '제네바 합의'입니다.

1993년 3월, 북한이 NPT 탈퇴를 선언하자, 북한 핵 문제는 국제적인 관심사로 떠올랐습니다.

이때 미국은 북한에 대한 공격을 검토하는 등 한반도는 일촉즉발의 위기에 빠졌죠. 그 순간 미국에서 지미 카터(Jimmy Carter,1924-) 전 대통령이 특사로 북한을 방문하면서, 미국과 북한은 전쟁 대신 협상을 택하게 됩니다.

그 후 북한과 미국, 두 나라는 협상 테이블에 앉았습니다.

한반도의 전쟁 위기가 해소된 것입니다.

그리고 여러 번의 협상 끝에 탄생한 것이 1994년 10월에 체결된 '제네바 합의(Geneva Agreed Framework)'입니다.

제네바 합의의 주요 내용은 다음과 같습니다.

✦ 북한에 경수로를 이용한 원자력 발전소를 건설해 주며, 원자력 발전소 건설 전까지는 중유를 연간 50만 톤 제공한다.

✦ 북한은 원자력 발전소 건설이 완성되면 핵 관련 시설을 해체 완료한다.

✦ 북한과 미국은 정치적·경제적 관계의 완전 정상화를 추구한다.

✦ 양측은 핵이 없는 한반도의 평화와 안전을 위해 함께 노력한다.

✦ 양측은 국제적 핵 비확산 체제 강화를 위해 함께 노력하며, 북한은 NPT에 잔류한다.

이에 따라 2000년, 북한에 경수로를 이용한 원자력 발전소 건설을 시작하였습니다.

그러나 이 합의는 이듬해인 2001년 중단되었죠.

제네바 합의를 이룬 클린턴 행정부와 그 뒤를 이은 부시 행정부는 견원지간이었습니다. 부시 대통령이 전임 대통령 클린턴을 못마땅하게 여긴 것입니다. 'ABC(Anything But Cliton.−클린턴의 정책만 아니면 돼!)'라는 표현이 등장할 정도였는데, 이 의미는 클린턴 대통령이 이룬 성과는 모두 취소하겠다는 것과 마찬가지입니다.

결국 부시 행정부는 클린턴 행정부에서 승인한 제네바 합의를 물거품으로 만들었습니다.

6자회담

두 번째는 북핵 문제를 해결하기 위해 한반도 주변 6개국이 모여 개최한 '6자회담'입니다.

제네바 합의가 파기된 후, 북한 핵 문제는 다시 국제 관심사가 되었습니다. 2003년 8월 27일, 남한·북한·미국·중국·러시아·일본 등 한반도를 둘러싼 이해 당사자들이 모여 북한 핵 문제 해결과 한반도 비핵화를 위해 회담을 개최했죠.

6자회담은 2003년부터 2007년까지 총 6차에 걸쳐 열렸습니다. 이 가운데 합의안이 채택된 회담은 총 세 차례였습니다.

9·19 공동 성명 (2005년, 4차)	2·13 합의 (2005년-2007년, 5차)	10·3 합의 (2007년, 6차)
✦ 핵을 포기하고 IAEA, NPT에 가입한다.	✦ 핵 시설을 폐쇄 봉인하고 핵 사찰을 수용한다.	✦ 핵 시설을 불능화하고 핵 프로그램을 신고한다.
✦ 북한의 주권을 존중하고 평화적으로 공존한다.	✦ 그 대가로 북한에 중유 100만 톤에 해당하는 경제 및 에너지를 지원한다.	✦ 미국은 북한에 대한 테러 지원국 명단을 삭제한다.
✦ 한국은 핵무기 반입, 배치를 하지 않고, 200만kw 전력을 제공한다.		✦ 중유 100만 톤에 해당하는 경제적 보상을 완료한다.

6자회담으로 한반도의 비핵화 실현이 성큼 다가오는 듯했습니다. 하지만 북한과 미국과의 갈등, 북한의 핵 사찰 범위를 놓고 이견이 발생하는 등 끊임없는 논란이 발생했죠. 결국 6자회담은 중단되었고, 북한 핵 문제는 원점으로 돌아가고 말았습니다.

북한은 말만 그럴듯하게 하고 실천은 안 한다고.
실속만 챙기고 시간만 끌며 핵무기를 개발해 왔어. 더 이상 속지 말자.
합의를 했으면 합의 내용을 그대로 지켜야지.
자꾸 다른 내용을 붙여서 우릴 몰아세우니까 반발하는 거야!
신사답지 못한 행동이군.

한반도에 살고 있는 지금 우리는…

북한을 어떻게 대해야 하고, 통일을 어떻게 추진하며, 북한 핵 문제를 어떻게 해결해야 할지에 대해 5천만 남한 주민들에게 묻는다면, 5천만 개에 달하는 답이 나올지도 모릅니다. 그만큼 북한과 통일, 핵을 둘러싼 문제는 복잡합니다.

역사적으로 북한 외에도 핵무기를 보유하고자 노력한 나라는 많았습니다. 그 대표적인 나라가 남아프리카, 대만, 이란, 리비아, 브라질, 아르헨티나 그리고 대한민국 등입니다.
또 국제적인 압박을 받고 핵무기 개발을 포기한 나라들도 있죠. 북한 역시 국제적 압박을 받은 나라 가운데 하나였는데, 결국 핵무기 개발에 성공했습니다.
북한이 온갖 난관을 뚫고 핵무기 개발에 성공했다는 것은, 다른 나라에 적용한 국제사회의 대처 방식이 통하지 않았다는 이야기일 것입니다.

그리고 북한을 향한 대처 방식이 무엇인지 정확히 파악하는 것은 쉽지 않아 보입니다.

전문가들조차 각기 다른 목소리를 내고 있기 때문이죠.

엄연한 사실은 한반도와 국제사회가 북한 핵무기라는 중요한 숙제를 안고 있다는 것입니다.

북한은 인도와 파키스탄 같은 나라처럼 자신들도 핵무기 실험에 성공했으니, 핵무기 보유국으로 인정할 것을 요구하고 있습니다.

그러나 국제사회는 북한을 핵무기 보유국으로 인정하지 않고 있죠.

다른 나라에 사는 사람들은 북한 핵무기에 관해 온갖 이론과 주장을 펼칠 수 있을 것입니다. 어차피 그 결과가 자신들의 삶과는 무관하다고 여길 테니까요.

그러나 한반도에서 살아가는 우리에게는 그 무엇보다 중요한 일입니다. 북한 핵, 나아가 한반도의 핵, 세계의 핵무기에 관해 결코 외면해서는 안 됩니다.

한반도에 핵무기를 둘러싸고 분쟁이나 갈등이 조장되지 않도록 우리는 관심의 끈을 놓아서는 안 됩니다.

'나는 몰라. 알아서 하라고 해.' 하는 태도를 갖기보다는 주인 의식을 가지고 관심을 기울여야 합니다.

비록 우리가 나서서 문제를 쉽게 해결할 수 없을지라도, 그 길만이 한반도의 주인으로서 우리 운명을 우리 스스로 개척해 나갈 수 있기 때문입니다.

참고 문헌

도서

《핵과 인간: 아인슈타인에서 김정은·트럼프·문재인까지》, 정욱식 지음, 서해문집.
《핵무기와 국제 정치》, 안준호 지음, 열린책들.
《핵의 세계사: 스탈린 대 트루먼, 박정희 대 김일성, 아인슈타인에서 김정은까지》, 정욱식 지음, 아카이브.
《한국 탈핵: 대한민국 모든 시민들을 위한 탈핵 교과서》, 김익중 지음, 한티재.
《탈핵: 포스트 후쿠시마와 에너지 전환 시대의 논리》, 김명진·김현우·박진희·유정민·이정필·이현석 지음, 에너지기후정책연구소 기획, 이매진.
《세계를 바꾼 연설과 선언》, 이종훈 엮어옮김, 서해문집.
《화학대사전》, 도서출판 세화.

논문 및 보고서

〈북한 핵프로그램의 시작과 성장: 1950-1960년대를 중심으로〉, 김보미, 2019, 《통일정책연구》 제28권 1호, 183-208쪽.
〈리비아 모델을 통한 북한의 핵 정책 평가와 전망〉, 한승조, 신진, 2018, 《융합보안논문지》 제18권 3호, 113-122쪽.
〈북한의 핵보유와 남북관계 개선의 가능성〉, 김상기, 《KINU통일+》, 통일연구원.

언론사 및 웹사이트

《물리학백과》, 한국물리학회.
《두산백과》.
《다음백과》.
〈위키피디아〉.
〈북한핵문제〉, 외교부 누리집.
〈사이언스올〉 누리집, 한국과학창의재단.
〈프레시안〉.

글 | 기획집단 MOIM

출판의 새로운 모색과 독자들과의 즐거운 소통을 위해 출판 기획자와 문文·사史·철哲 대중교양서 저술가, 번역가 등의 전문가들이 모인 기획집단입니다. MOIM은 우리말로 '교양을 갖춘 모든 사람을 모이게 한다', 영어로는 'Mozart's Imagination'의 줄임말로, 상상과 창의가 가득한 책을 내고자 하는 바람을 담고 있습니다. 그동안 펴낸 책으로《사기열전 1, 2》《고사성어랑 일촌 맺기》《브레히트의 서푼짜리 오페라》《비글호에서 탄생한 종의 기원》《갈리아 전기》《갈릴레이의 생애》《한자의신》《패스트 패션》《아프리카 쟁탈전》《지정학의 모든 것》 등이 있습니다.

그림 | 이크종

연세대학교에서 건축 공학을 공부했습니다. 잠시 건설 회사에 다니다가, 그림을 그리고 싶어서 퇴사한 뒤 15년이 지난 지금까지 그림을 그리면서 잘 지내고 있습니다. 지은 책으로《그래요, 무조건 즐겁게》가 있고, 그린 책으로《한입에 꿀꺽! 맛있는 세계 지리》《남극에 '운명의 날 빙하'가 있다고?》《정확한 말, 세련된 말, 배려의 말》 등이 있습니다. 요즘 관심사는 행복하게, 또 함께 잘 사는 법입니다.
인스타그램 instagram.com/ickjong